평강의 주께서

친히

때마다 일마다

평강을 주시기를 기도하며

특별히

_____________님께

드립니다.

특급 신약관통

테리 홀 지음 / 한상식 옮김

도서출판 나침반社

종합선교 – 나침반 출판사 / 그리스도인들의 성장을 돕습니다.

1 1 0 - 6 1 6 서울 · 광화문 우체국 사서함 1641호 ☎(02)2279-6321~3/주문처(02)2606-6012~4

COMPASS HOUSE PUBLISHERS

A DIVISION OF NACHIMVAN (=COMPASS) MINISTRIES
KWANGHWAMOON P. O. BOX 1641, SEOUL 110-616, KOREA

차례

1 . 고공 비행　　　　　　　　9

2 . 세상의 준비　　　　　　　23

3 . 이것이 복음의 진리　　　35

4 . 목수의 주장　　　　　　　47

5 . 장벽을 제거하고　　　　　59

6 . 모범 교사　　　　　　　　71

7 . 최 암흑기　　　　　　　　81

8 . 새로운 공동체　　　　　　91

9 . 전도 여행　　　　　　　103

10. 서방 전도　　　　　　　113

11. 옥중 설교　　　　　　　123

12. 일반 기자　　　　　　　133

13. 종말은 언제?　　　　　141

1
고공 비행

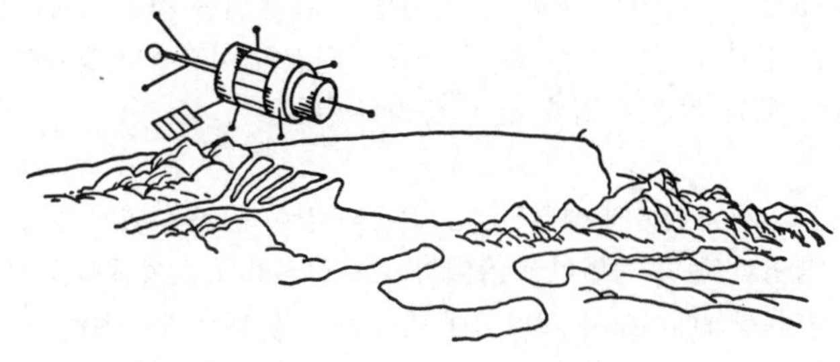

그것은 틀림없이 유사 이래 가장 특이한 출판사업이었다. 초판 통계를 보라. 1,189장, 31,173절, 774,746단어, 3,567,180 글자*를 가진 66권을 만들기 위해서 1,551 장소에서 2,930명을 등장시켜서 20가지 직업을 가지고, 10개국에서 살며, 3개 언어를 사용하는 40명의 독자적인 기자들이 1,600년간 기록했음에도 불구하고 그것을 일괄적으로 지도한 편집자나 출판사가 없었다. 이 방대한 책은 모든 문학 형태 즉 산문, 시, 소설, 신화, 전기, 과학, 역사로 표현되는 모든 있을 법한 주제들을 포괄한다.

그 결정판이 무엇이었는가? 리더스 다이제스트(Readers Digest)인가? 아니다. 바로 성경전서이다! 성경이 초자연적인 책이라는 한 증거는 기자, 문화, 표현 형태의 광범한 차이에도 불구하고 그것이 놀라운 통일성을 갖고 있다는 것이다.

---

*흠정역 성경을 기준으로 한 수치임(역자 주)

줄거리가 무엇인가

성경은 시종일관 하나의 완전한 주요 줄거리를 갖고 있다. 거룩하신 사랑의 하나님을 거역해서 한 사악한 원수가 에덴의 완전한 환경을 더럽힌다. 우리가 상상할 수 있는 모든 형태로 선악이 대립하며 때로는 악이 승리할 것같이 기세를 떨치기도 한다. 주인공의 승리를 바라는 소망은 더욱 간절해지고, 마침내 그분이 임하셔서 악을 이기신다. 그 주인공은 영구히 그 전쟁을 종결짓기 위해 큰 백마를 타고 돌아올 것을 약속하신다. 더욱 많은 영적 전쟁이 있은 후, 하나님은 완전한 처소에서 영원히 행복하게 살고 있는 자들과 함께 결국 승리하신다.

　제1권부터 제66권까지 성경전서는 다음과 같이 일관성 있게 말씀한다.
□ 모든 생명과 선의 근원이신 유일하시고 신실하시고 영원하신 하나님
□ 이상적인 상태에서조차 하나님께 충성하지 못하는 무능력한 인간
□ 인간을 자신과의 관계로 이끌기 위해 한결같이 노력하시는 하나님
□ 흑암 권세를 이끄는 악한 권세자
□ 믿음으로 받는 은사인, 죄와 사망으로부터의 하나님의 구원
□ 중심이신 예수 그리스도. 구약은 그리스도의 강림을 고대하고 신약은
　그리스도의 생애와 죽음과 부활뿐만 아니라 그분의 재림에 대한 예언
　을 보고한다.

오직 하나님만이 이처럼 일관성 있고 완전한 책을 인간에게 주실 수 있었다. 어느 부분을 읽을지라도, 당신은 하나님의 계획, 예수 그리스도의 성품, 성령의 능력과 마주치게 될 것이다.

윤곽을 파악하라

비행기에서 보아야만 보이는 것들이 있다. 대부분의 물체들은 위에서 볼 때 더 질서정연하게 보인다. 어느 맑은 날 낯선 도시를 둘러보게 되었을 때, 나는 상공에서 볼 때 상업지구의 방향은 어디인지, 도시의 순환도로

와 강이 교차하는 장소는 어디인지 또한 공장 지대와 주거 지역과 녹지 대의 위치는 어디인지 알아볼 수 있었다. 마음 속으로 대강 윤곽을 그려 보고 있었기 때문에 공항에서 차를 몰아갈 때 길을 찾기가 훨씬 수월했 다.

  본서는 신약 27권, 260장, 7,959절을 쉽게 개관할 수 있게 해줄 것 이다. 당신이 이전에 읽었거나 들어 본 적이 있는 성경의 사건이나 사람 은 성경 이야기의 전체 윤곽에 맞출 수 있을 때 더욱 큰 의미를 갖게 될 것이다.
당신에게 새로운 지역을 가르쳐 주고 또 길을 다시 찾게 도와줄 경계표 들을 기억하려면 성경의 핵심 인물들과 장소들을 암기할 필요가 있다. 본서는 당신을 도와줄 그러한 암송 방법들로 가득차 있다. 그것들을 그 대로 사용해도 좋고 나름대로 신속하게 그 이름들과 사건들을 암송할 수 있도록 자기 자신의 말로 바꾸어도 좋다.

조각을 맞추라

신약이 조합되는 방법을 쉽게 기억할 수 있는 몇 가지 방법들이 있다. "The Bible"(성경전서)은 두 단어이며 그것은 두 가지 주요 부분으 로 된 책임을 상기시킨다. 각 부분은 "의지"를 뜻하는 단어인 "testa- ment"(約)으로 불리운다. 옛 부분과 새로운 부분으로 성경은 우리를 위한 하나님의 의지(뜻)를 계시한다.
  "New"(新)는 세 글자, "Testament"(約)는 아홉 글자이다. 예수 께서 자신의 사역을 증진시키기 위해 열 두 사도를 임명하셨음을 이 두 단어로 기억해 두라. 두 숫자를 더하면 열 둘이다. 그리고 신약에 이십 칠 권이 있음을 기억하기 위해서는 두 숫자를 곱하라.

  기억할 단어들의 첫 글자들을 이용하는 것도 암기 비결 중의 하나이 다. 신약의 세 가지 주제를 기억하기 위해 HEP 이란 말을 사용할 수 있다.

역사서(History; 과거에 초점을 둔 5권)
경험서(Experience; 현재에 초점을 둔 21권)
예언서(Prophecy; 미래에 초점을 둔 1권)

신약의 첫 5권은 과거, 마지막 1권은 미래에 초점을 두고 있다. 그 중간에는 오늘날 그리스도인이 무엇을 체험해야 하는가에 관한 21권의 책이 있다. 신약은 하나님이 하셨고, 하시고 있고, 하실 일에 대한 것이다. 모든 성경은 하나님의 감동을 받은 자들이 기록했고 오늘 우리를 위해 유익하다(딤후 3 : 16~17).

역사서(History) 는 하나님이 어떻게 예수의 인격(人格)으로 땅에서 사셨고, 자기의 교회를 시작하셨는가에 대한 "그분의 이야기"(His Story) 이다. 신약의 윤곽을 파악하기 위해서는 5분의 1(총 27권 가운데 첫 5권)만 읽으면 된다. 이들은 줄거리와 사건이 빠르게 전개되는 책들이다.
사도행전 이후에서는 "줄거리"를 찾지 말라. 첫번째 책인 "마태복음" (MAtthew) 의 첫 두 글자를 사용하여 역사적인 이야기가 마태복음 (Matthew) 에서 시작되어 다섯번째 책인 사도행전 (Acts) 에서 끝난다는 사실을 기억하라. 나머지 22권은 그에 대한 보충이다.
역사서들의 중심은 그리스도의 출현이다. 첫 네 권("좋은 소식"을 뜻하는 "복음"(Gospels) 이라고 불리운다)은 사도들과 함께 육신으로 사신 그리스도에 대해 말씀하며, 사도행전은 사도들을 통해 성령으로 사신 그리스도에 대해 말씀한다.

21권의 **경험서**들은 자기 백성에 대한 하나님의 교훈을 담고 있다. 신약의 1,051 가지 명령 가운데 대부분이 여기서 발견된다. 대부분의 서신서들은 사도행전과 같은 시대에 속한다.
마지막에 하나 나오는 **예언서**인 요한계시록은 세상을 위해 하나님이 세우신 계획의 완성에 대해 미리 기록한 역사이다.

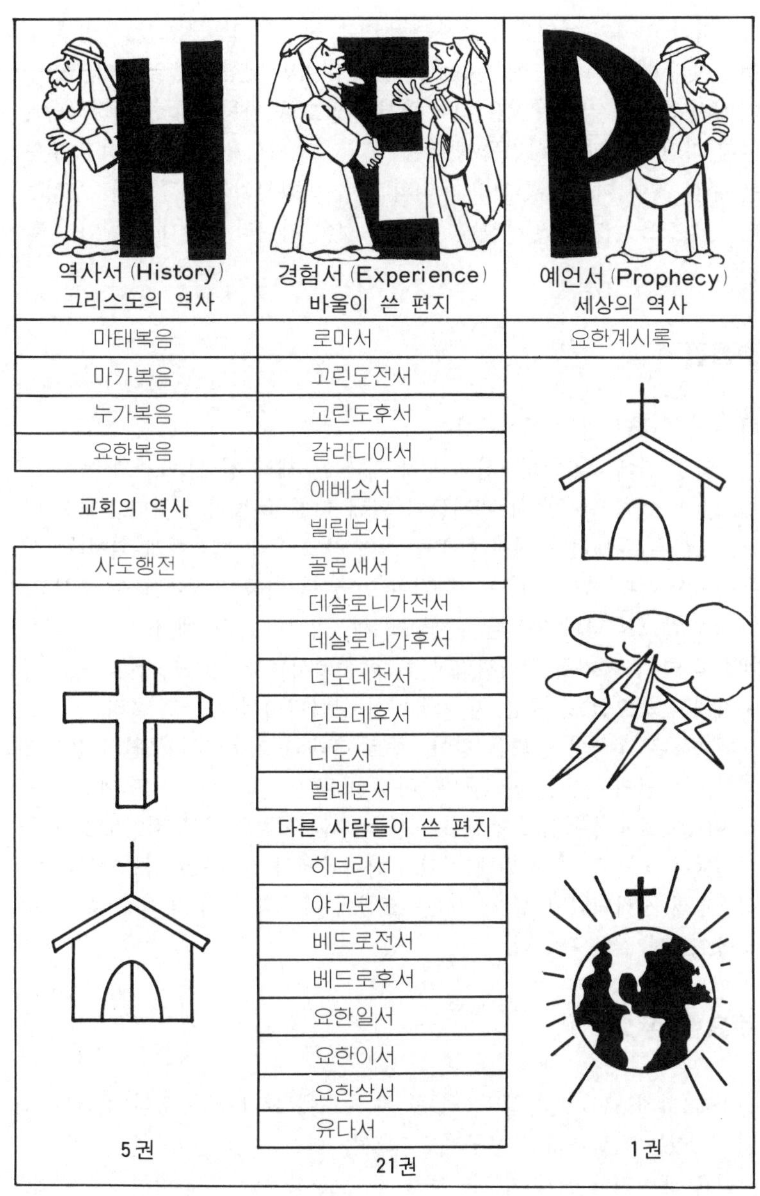
역사서 (History)
그리스도의 역사
경험서 (Experience)
바울이 쓴 편지
예언서 (Prophecy)
세상의 역사
마태복음
마가복음
누가복음
요한복음
교회의 역사
사도행전
로마서
고린도전서
고린도후서
갈라디아서
에베소서
빌립보서
골로새서
데살로니가전서
데살로니가후서
디모데전서
디모데후서
디도서
빌레몬서
다른 사람들이 쓴 편지
히브리서
야고보서
베드로전서
베드로후서
요한일서
요한이서
요한삼서
유다서
요한계시록
5 권
21권
1 권

　구약이 역사와 예언을 강조하는 반면에 신약은 압도적으로 체험에 초점을 맞춘다(역사서와 예언서는 6권일 뿐이지만 체험서는 21권이다). **구약에서 준비를** 강조한 것은 **신약에서의 권고를** 가능하게 한다. 하나님은 단지 과거나 미래의 사건들에 대한 우리의 호기심을 만족시키려고 말씀을 주신 것이 아니라 현재의 우리의 삶을 변화시키라고 주셨다. 우리는 단지 성경을 읽거나 공부하는 데 그칠 것이 아니라 성경대로 살아야 한다.

결정판

다음은 간추린 신약 이야기이다.

신구약 중간에 400년의 "침묵기"가 지난 후 세례(침례) 요한과 예수 그리스도의 탄생을 준비할 천사들에 의해 다시 하늘이 열렸다. 약 30년 후, 요한은 회개하고 세례(침례)를 받으라고 유대 백성에게 외쳤다. 성육신하신 예수 그리스도는 하나님이 누구이신가를 세상에 보여 주셨고, 약 3년 간 하나님의 완전한 도(道)를 가르치셨다. 세상에서 자기의 일을 계승할 열 두 제자를 준비시키신 후, 예수께서는 온 인류의 죄를 위해 십자가에서 죽으셨고, 죽은 자 가운데서 살아나셔서 하늘로 올라가셨다.

　제자들은 성령의 능력을 받아, 주로 유대인 가운데서 구원의 은사에 대한 예수님의 복음을 전파했다. 사도 바울은 몇 차례의 전도 여행을 통해 이방인들에게 복음을 전했고, 신약의 서신서들 가운데 적어도 13권을 기록했다. 아무런 악한 반대도 없이 하나님께서 전적으로 창조를 담당하심으로써 시작되었던 성경은 사도 요한이 마지막 책인 요한계시록을 기록함으로써 끝을 맺는다.

주요한 장소

신약 이야기는 쉽게 그릴 수 있는, 한 지도에 요약될 수 있다(곡선을 그릴 수 있는 사람이라면 누구라도 그것을 쉽게 그릴 것이다!).

　다음 페이지의 신약 지도를 보라. 맨 오른쪽부터 시계 방향으로 흑해,

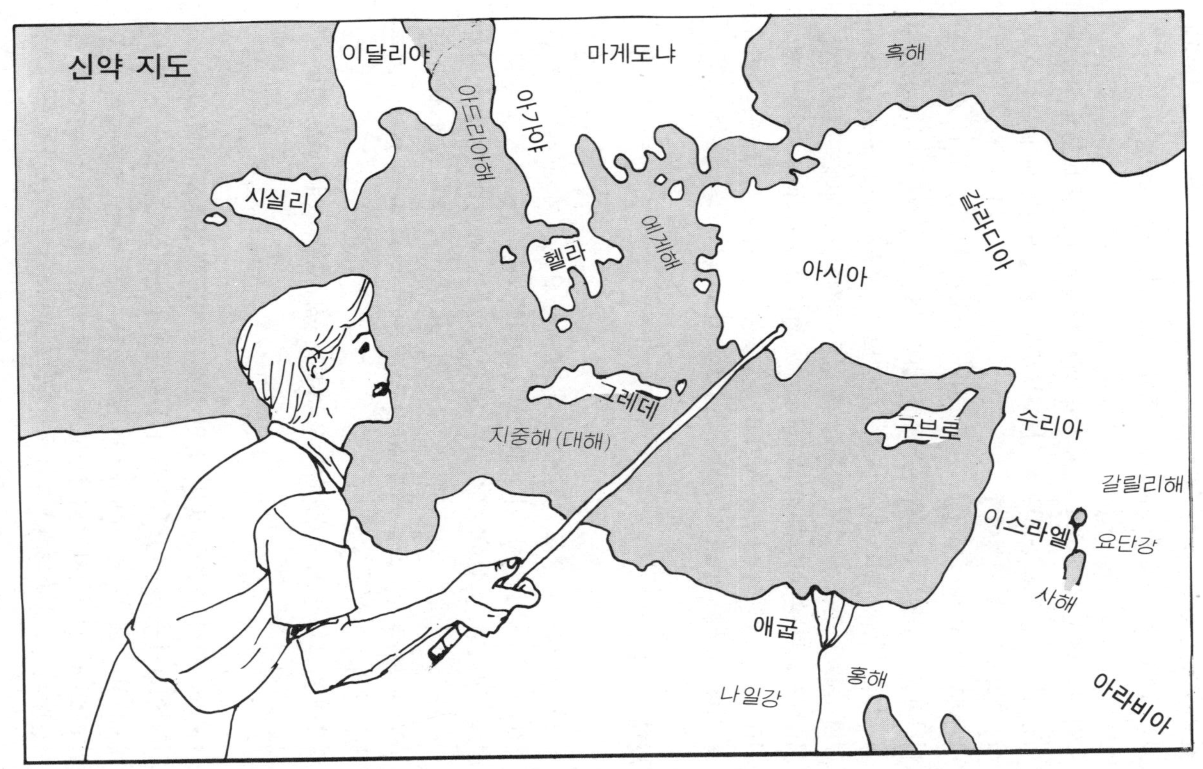
신약 지도
이달리아
마게도냐
흑해
아드리아해
아가야
시실리
헬라
에게해
아시아
갈라디아
그레데
지중해 (대해)
구브로
수리아
갈릴리해
이스라엘
요단강
사해
애굽
나일강
홍해
아라비아

갈릴리해, 요단강, 사해, 지중해를 주목하라. 이달리야와 헬라 사이에
있는 만이 아드리아해이고, 그 동쪽에 있는 것은 에게해이다.

신약 시대 로마 제국의 주요 지역들은 다 지중해 연안에 모여 있었다.
이달리야는 장화 모양으로 잘 알려져 있다. 땅 덩어리는 마게도냐, 아가
야, 헬라라는 세 지역이다.
아시아는 동쪽 땅 덩어리의 남서부이고, 갈라디아는 그 중심부이다. 수
리아와 이스라엘은 지중해의 동쪽 연안에 걸쳐 있고, 아라비아는 남동쪽
에 있고, 애굽은 이스라엘의 남서쪽에 있다. 지중해, 아드리아해, 에게
해의 수많은 섬들 중에서 중요한 세 섬은 시실리, 그레데, 구브로이다.
지도에서 당신은 이달리야라는 구두가 시실리섬에 걸려 넘어지고 있고,
그레데는 에게해의 입구를 지키고 있음을 볼 수 있다. 구브로는 수리아
를 향해 포구를 겨냥하고 있는 탱크같이 보인다.

지도를 그리라

이 지도는 쉽게 손으로 그릴 수 있다. 종이의 오른 쪽에 큰 S 자를 그리
라(다음 지도의 1번선). 왼쪽에다가 긴 꼬리를 가진 조금 작은 S 자 두개
를 더하라(2번 선과 3번 선). 이들 두 글자가 어느 정도로 앞으로 넘어져
있는가를 주목하라. 바위(5번 선)에 걸려 넘어지는 구두를 왼쪽 맨 윗 부
분에 매달아라(4번 선). 에게해(6번 선)을 막는 다른 한 큰 바위를 지중
해에 두라.
지중해의 오른쪽 맨 윗 부분에 수리아를 향해 포구를 겨냥하고 있는 탱
크를 그리라(7번 선).

손으로 그리기 전에 몇 분 동안 인쇄된 지도의 윤곽을 살펴보라.
신약 이야기는 이 지도에서 하나의 십자가와 반원들로 요약될 수 있다.
예루살렘의 십자가는 사복음서를 상징한다. 예수께서는 예루살렘 남쪽
약 9.6 km 지점에서 태어나셨고, 그 성벽 바로 바깥에서 십자가에 못박
히셨으며, 그 성의 동편에서 승천하셨다. 예수께서는 예루살렘에서 제자

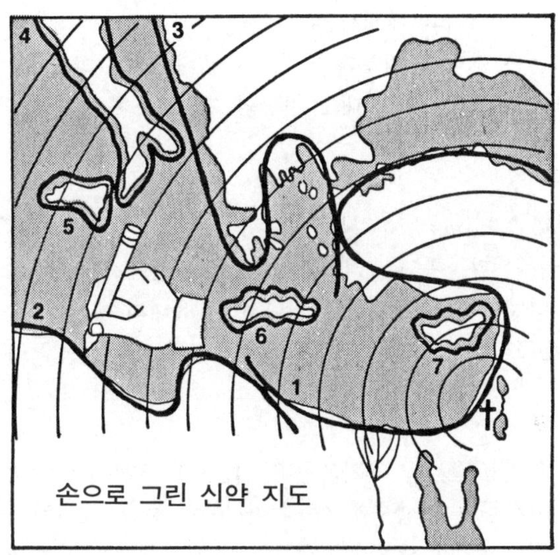

들에게 성령의 능력을 주셨고, 그들(나중에는 사도 바울이 포함된다)은 이스라엘의 북서쪽으로 복음을 전파한다(예루살렘으로부터 방사형으로 전파한다). 그것은 마치 로마 제국이라는 "연못"에 예루살렘으로부터 복음이라는 "조약돌" 한 개를 던진 것과 같다. 똑같은 복음이 오늘날의 제자들인 당신과 나에 의해 지금도 온 세계로 전파되고 있다！

상징에 의한 요약

손으로 그린 지도에 열 두 가지 상징들을 둠으로써 우리는 신약 전체를 요약할 수 있다(뒷 페이지를 보라). 각 상징은 신약 역사의 특별한 시대를 표현하며, 사건의 순서대로 인물 및 장소를 기억하는 도구로 사용될 수 있다.

1 **목수 시대** (Carpenter , 누가복음 1~2장)는 목수의 **톱**으로서 상징된다. 세상이 완전히 준비되었을 때, 예수 그리스도가 독특한 신인(神

人)으로서 동정녀 마리아에게서 탄생하셨다. 베들레헴과 애굽에 잠시 머무신 후, 그분은 형제 및 양부와 함께 나사렛에서 목수의 일을 하시면서 자라셨다(①부터 ⑤까지의 시대는 지상의 그리스도에 관한 것임을 주목하라).

② **주장 시대** (Claims , 누가복음 3~6 : 11)는 "나는~이다"(I Am)라는 말로 상징된다. 예수 그리스도께서는 **요단강**에서 세례(침례)를 받으셨고 이스라엘 백성이 오랫동안 기다려 온 유대의 메시야, 곧 하나님의 아들로 선포되셨다. 수많은 이적들은 신성에 대한 주장들을 지지해 주었다.

③ **선택 시대** (Choices , 누가복음 6 : 12~9 : 62)는 의문 부호로 상징된다. 약 18개월 동안 예수께서는 가버나움을 중심으로 주로 갈릴리에서 사역하셨다. 그분이 자신의 정체(identity) 문제에 대한 선택을 요구하셨을 때 많은 무리가 따랐지만, 유대 지도자들은 그분을 배척했다.

④ **학습 시대** (Classes , 누가복음 10~19 : 28)는 사각모로 상징된다. 예수께서는 약 6개월에 걸쳐 열 두 사도를 개인적으로 훈련시키시면서 백성들에게는 많은 비유들을 말씀하셨다. "학사 수준"의 학급에서는 하나님의 자녀로서 사는 방법이 중점적으로 가르쳐졌다.

⑤ **십자가 시대** (Cross , 누가복음 19 : 29~24 : 53/행 1장)의 십자가는 지상 생애 중의 마지막 47일을 상징한다. 그리스도의 죽음과 부활이 일어난 한 주간과 승천하시기까지 이 땅에 계셨던 40일간이 이 시대에 포함된다.

⑥ **교회 시대** (Church , 사도행전 2~12장)는 교회 건물로 상징된다. 예수께서 승천하신 지 40일 후, 성령께서 임하심으로써 교회가 세워졌고 팔레스틴 곳곳에 복음을 전하도록 제자들에게 능력이 부여되었다(⑥부터 ⑪까지의 시대는 지상의 교회에 관한 것임을 주목하라).

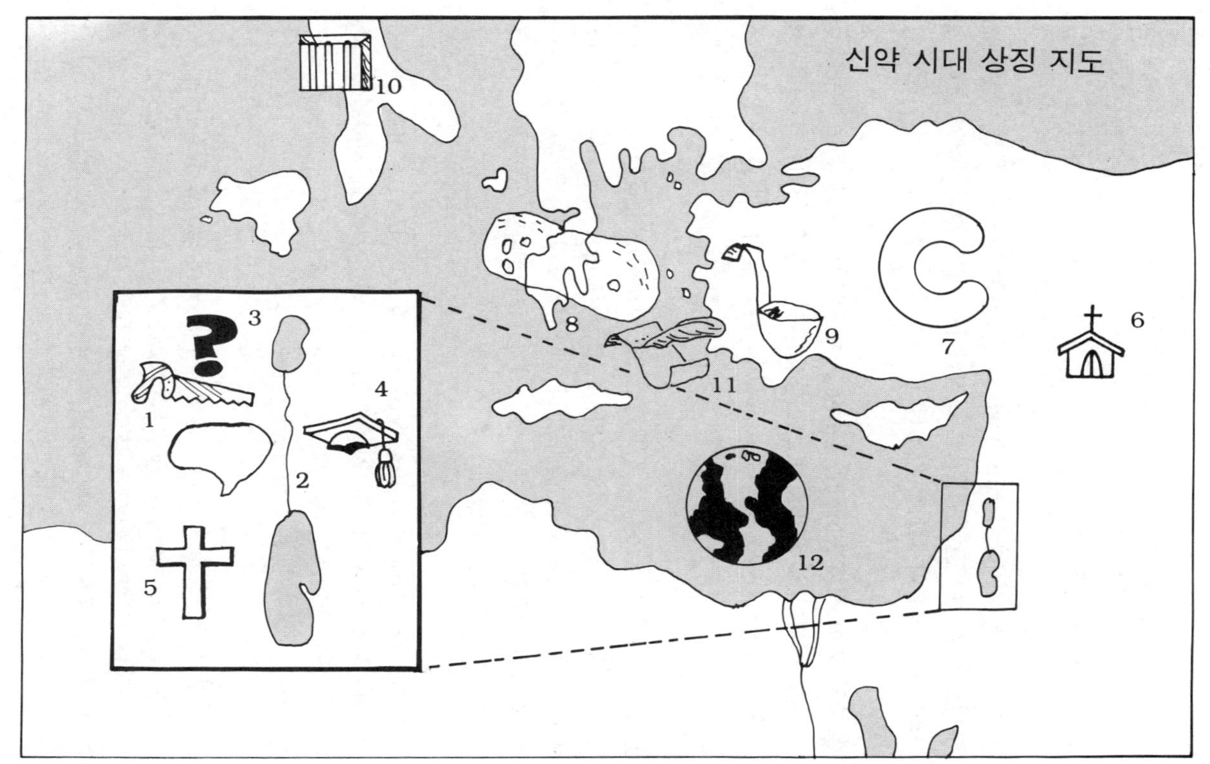
신약 시대 상징 지도
1
2
3
?
4
5
6
7
8
9
10
11
12

⑦ **일차 순회 시대**(Circuit One , 사도행전 13~15장)는 "C"라는 글자로 상징된다. 이방인이 회심한다 해도 유대인이 될 필요가 없다고 예루살렘 공의회가 결정하기 전, 바울은 일차 전도 여행으로 구브로와 갈라디아에 복음을 전했다.

⑧ **이차 순회 시대**(Circuit Two , 사도행전 16~18장)는 바울의 이차 전도 여행이며 땅콩 모양으로 상징된다. 바울은 멀리 서쪽에 있는, 헬라의 고린도에까지 교회를 세웠다.

⑨ **삼차 순회 시대**(Circuit Three , 사도행전 19~21장)는 바울의 삼차 전도 여행이며 국자 모양으로 상징된다. 바울은 아시아의 에베소에 교회를 세우기 위해 오랜 시간을 보냈다. 그곳은 이전에 간 적이 있는 지역이었다.

⑩ **감금 시대**(Custody , 사도행전 22~28장)는 감옥의 창살로 상징된다. 유대인의 소요 사태로 로마 당국에 의해 바울이 체포되었고, 그는 여러 해 동안 팔레스틴에 갇혀 있다가 배심원도 없이 세 총독에게 재판을 받았다. 바울은 가이사에게 호소하기 위해 로마로 압송되어 이태 동안이나 그곳에 갇혀 있었다.

⑪ **일반 기자 시대**(Closing Writers , 히브리서/베드로전서 1장~유다서)는 두루마리와 펜으로 상징된다. 사도 바울 사후 네 사람의 신약성경 기자들이 총 8권을 기록했다. 이 제자들은 요한, 유다, 베드로, 그리고 히브리서를 기록한 익명의 히브리인이다.

⑫ **완성 시대**(Completion , 요한계시록)는 새 땅으로 상징된다. 지상에서의 7년 대환난 이후, 예수 그리스도는 자신의 천년왕국을 세우시기 위해 돌아오실 것이다. 모든 불신자들에 대한 심판 후에는 구속받은 자들의 영원한 처소가 될 새 하늘과 새 땅이 있게 될 것이다.

첫 다섯 시대는 복음서에 기록되어 있고, 나머지 일곱 시대는 사도행전과 요한계시록에 기록되어 있다. 열 두 시대를 기억할 수 있도록 다음의 두 문장이 도와 줄 것이다.

목수의 주장은
십자가에 대한
선택과
학습을 필요로 한다(A CARPENTER'S CLAIMS requires CHOICES and CLASSES about the CROSS).

교회의
세 차례 순회는
일반 기자들이
완성할 때까지
감금된 중에 이루어진다(The CHURCH'S THREE CIRCUITS are in the CUSTODY of the CLOSING WRITERS until COMPLETION).

신약성경 역사의 "흐름"을 파악하기 위해 손으로 그린 지도 위에 열 두 가지 상징들을 그려넣어 보라. 상징한 사건들을 살펴보면 큰 그림을 이해하는 데 도움이 될 것이다.
당신은 어디에 해당하는가? 지금 당신은 **일반 기자 시대**와 **완성 시대**의 중간에 살고 있다. 예수께서는 당신이 자신에게로 나오기를 기다리고 계시는가? 아니면 당신이 그분께서 당신을 위해 돌아오시기를 기다리고 있는가?
어느 편이 당신의 입장인가?

2
세상의 준비

당신이 준비해 본 적이 있는 가장 큰 행사는 무엇이었는가? 누구의 결혼식? 졸업식? 부모나 조부모의 특별한 기념 행사? 대통령과의 만남?

그 큰 행사에 대한 계획을 언제부터 세우기 시작했는가? 일년 전? 얼마나 많은 사람들이 참여했는가? 열 두 명? 수백 명?

헤아릴 수 없이 많은 사람들, 다시 말해 이제까지 살았던 모든 사람들이 관련되어 있는 특별한 사건을 위해 누군가가 4,000년 이상이나 계획해 왔다는 것을 상상해 보라. 오직 하나님만이 그러한 위업을 이룩하실 수 있다. 하나님은 자기 아들의 탄생을 위해 세상을 준비시키셨다. 실상 하나님은 창세 전에 그리스도의 강림을 준비하기 시작하셨다(엡 1 : 4). 그분의 계획은 온 세상을 포괄했다(창 12 : 1~3/요 3 : 16). 에덴에서의 지구 역사 초기부터 하나님은 자기 아들을 보내실 것을 강력히 시사하기 시작하셨다(창 3 : 15).

구약 성경 이야기

다음은 그리스도의 탄생에 이르기까지의 사건들을 개관해 본 것이다. 만물을 창조하신 후, 하나님은 에덴, 곧 자신과의 교제를 위한 완전한 환경에 첫 두 사람을 두셨다(다음 페이지의 지도에 이 부분의 핵심 장소들이 표시되어 있다). 사단이 인류에게 죄를 소개했을 때, 하나님은 인류에게 심판을 주셨지만, 다른 한편으로는 구주를 약속하셨다. 자체 내의 부패로 인해 범세계적 홍수를 통한 심판이 이루어졌고 바벨탑으로 인류는 흩어졌다.

아브라함, 이삭, 야곱 및 요셉은 히브리 민족의 조상으로 가나안에 살도록 택함을 받았는데, 그 민족을 통해 마침내 구주가 오실 계획이었다. 애굽에서 큰 민족을 이룬 후, 이스라엘은 모세를 통해 종살이로부터 해방되었는데, 그는 하나님의 백성을 시내 산까지 인도했다. 하나님의 백성은 여호수아가 그들을 약속의 땅(그곳에서 그리스도가 후에 태어나실 것이다)으로 인도할 때까지 광야에서 교육과 시험과 훈련과 재교육을 받았다.

이스라엘의 처음 세 왕(사울, 다윗, 솔로몬)이 열 네 사사를 계승하여 통치했다. 솔로몬 왕이 죽은 후, 히브리 왕국은 북왕국과 남왕국으로 나뉘어졌다. 마침내 북왕국 이스라엘은 앗수르에 의해 정복되었고, 그 백성은 흩어졌다. 남왕국 유다는 바벨론에게 함락되었고, 거기서 서기관(성경 필사자와 교사)과 회당(유대인의 예배처) 제도가 시작되었다.

마침내 에스라와 느헤미야가 유대인을 유다로 귀환시켰다. 그후 아무 선지자도 없었던, 400년 간의 "침묵기"가 있었다. 성경은 다음으로 세례(침례)요한과 예수님 이야기를 한다.

중간기에 발생한 일들

구약성경을 암흑의 대륙이라 한다면, 신구약 중간기는 미지(未知)의 대륙이다. 이 시기가 "침묵의 사백 년"이라고 불리는 것은 백성들이 당시

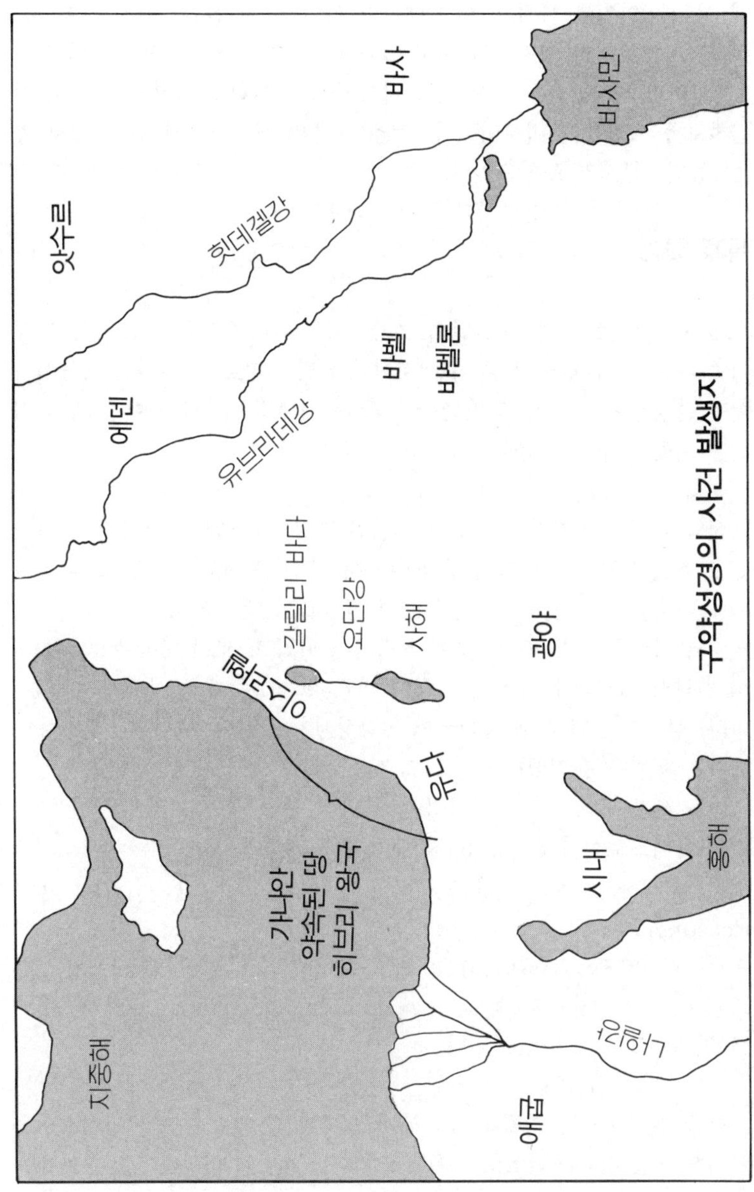
구약성경의 사건 발생지
앗수르
바사
메대
힛데겔강
에덴
바벨론
바벨
유브라데강
갈릴리 바다
요단강
사해
암몬
이스라엘
유다
가나안 땅에 거주한 헷족속
지중해
시내
홍해
애굽
기혼강
나일강

에 서로 이야기를 하지 않았기 때문이 아니다. 말라기와 마태 사이에는 하나님으로부터의 선지자가 전혀 없었다. 그래서 그것은 영적 침묵기였다. 그러나 하나님은 여전히 인류 역사 중에 역사하고 계셨고, 구주를 영접하도록 세상을 준비시키셨다. 그러한 준비에는 다음과 같이 세계 열강, 종파, 문서가 포함되었다.

세계 열강

세계 지배를 겨냥하는 오늘날의 초강대국들의 각축전은 결코 새로운 것이 아니다. 고대 역사서 중 아무 것이나 한번 살펴보라. 사람은 동물이나 어떤 본성을 길들일 수 있지만 세상의 첫 세대에 에덴에 들어온 반역 정신은 길들일 수 없었음을 알게 될 것이다.

   신약 시대에 직접적으로 영향을 끼친 열강의 각축전은 솔로몬의 아들인 르호보암 왕이 다스리던 구약성경 시대부터 시작되었는데, 그의 중과세(重課稅)가 주전 930년에 히브리 왕국을 분열시켰다.
앗수르 제국은 주전 900년 경에 최강국이 되었고, 로마 제국은 900년 후의 신약성경 시대에 세계의 주역이 되었다. 이 두 제국 사이에 바벨론, 바사, 헬라라는 다른 세 강대국의 흥망성쇠가 있었다. 또한 한 세기 동안 유다는 독립을 유지했다.
   이들 세계 제국들을 기억하려면, 다음의 생활 격언의 첫 글자들을 생각하라(베드로전서 3 : 2, 15 참조).
"항상 순결하고, 바른 이유를 대라"(Always Be Pure, Giving Just Reasons).
이 격언은 앗수르(Assyria), 바벨론(Babylon), 바사(Persia), 헬라(Greece), 유대의 독립(Jewish independence), 로마(Rome)를 연대순으로 가리키고 있다.

   다음 페이지에는 이들 6개의 세계 제국과 그들의 수도가 팔레스틴을 통치했던 순서대로 번호로 기록되어 있다. 물론 각 나라마다 전성기에는

로마
이달리야
흑해
6
스파르타
헬라
4
1
앗수르
니느웨
유브라데강
힛데겔강
지중해
이스라엘
5
3
바사
예루살렘
바벨론
수산 (수사)
바벨론
2
6대 세계 제국
(번호순)
홍해
바사만

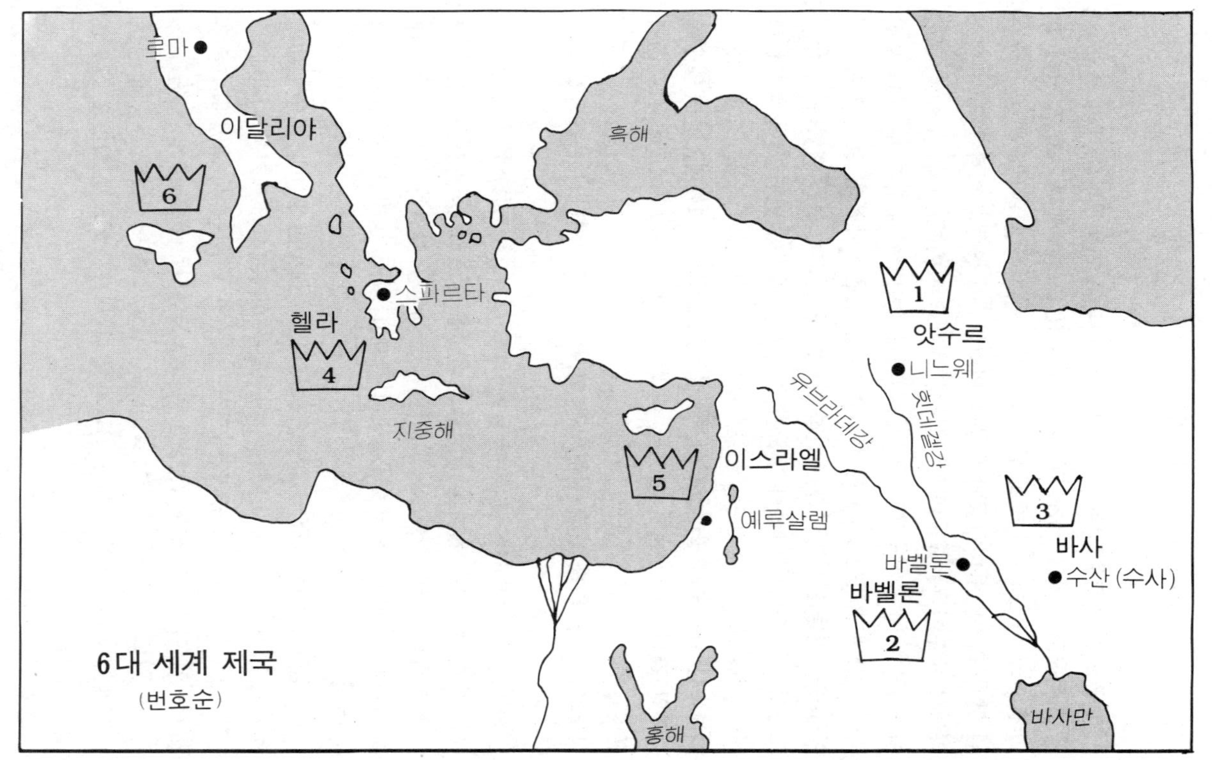

6대 세계 제국
(번호순)

그들의 수도로부터 예루살렘까지의 전역을 통치했다.

□**앗수르**는 주전 722년에 이스라엘(열 지파로 이루어진 유대의 북왕국)을 정복했고 그들을 세계 각지에 분산시켰다. 이방인과 유대인 간의 혼인에 의해 이스라엘에 남게 된 혼혈족이 사마리아인들이 되었는데, 예수님 당시 그들은 유대인들의 미움을 받았다. 이 종족의 이름은 당시 이스라엘의 수도가 사마리아였기 때문에 붙여진 것이다.
예루살렘에 대한 앗수르의 공격은 실패로 돌아갔기에 유다(두 지파로 이루어진 유대의 남왕국)는 한 세기 반이나 더 존속되었다. 보다 전통적인 이들 유대인들은 이방인과 혼인하는 것보다는 죽는 편을 택했다. 유대의 교사이신 예수께서 야곱의 우물에 앉아서 사마리아 여인과 이야기를 하시는 것을 보고 제자들이 놀랐던 것은 당연하다(요한복음 4 : 1～42).
　예수님 시대에는 팔레스틴이 세 지역으로 구분되었는데, 이는 앗수르 정복의 결과이다〔북에서 남으로 이방인, 사마리아인 (이방인과 유대인 혼혈), 유대인〕.
앗수르는 바벨론에 의해 점령되기 까지 주전 612년까지 존속되었다.

□**바벨론**은 주전 612～536년 동안 세계 전역을 지배했다. 느부갓네살 왕은 주전 606년에 유대의 남왕국인 유다를 정복했다. 주전 586년에 그는 예루살렘 성전과 성벽을 파괴했다. 유대인을 잔인하게 다룬 일에 대해 하나님이 어떻게 느부갓네살에게 행하셨는가를 알려면 다니엘서를 읽어 보라.
　유대인들은 바벨론에서 70년을 보냈다. 예루살렘 성전에서 예배를 드릴 수가 없었기 때문에 하나님의 백성들은 회당에서 모이기를 시작했고, 유대 밖에서 사는 모든 유대인들에게 이는 하나의 관습이 되었다(그들은 한 지역에 히브리인 남자 열 명만 있으면 모인다). 예수님의 가르침과 병 고치는 일도 가버나움에 있는 회당에서 많이 이루어졌었다. 나중에 사도들은 새로운 지역에서 복음을 전파하기 위한 전진 기지로 회당을 이용했다.

□**바사**(초대왕 고레스)는 유다로 돌아가도록 바벨론 포로 생활로부터 유대인들을 해방시켰다. 성전이 소규모로나마 재건되었고, 서기관들은 하나님의 율법을 가르치는 선생이요, 해석하는 자로서 활동하기 시작했다.
구약성경은 약 200년간(주전 536~332년) 계속된 바사 통치(메대 — 바사라고도 불림)로 끝나고 있다.

□**헬라**는 알렉산더 대제의 정복에 의해 그 문명을 전파했다. 그러나 그는 자기의 죄악된 열정을 정복하지 못한 채 32세에 죽고 말았다. 헬라의 지배는 150년 간(주전 332~176년) 계속되었다.
그리스도 당시에는 헬라어가 세계 공용어가 되어 있었기에, 사도들은 복음을 전하기 위해 언어 훈련원에 들어갈 필요가 전혀 없었다. 신약 책들은 기록되자마자 즉시 수많은 사람들에게 전해질 수 있었다. 복음을 묘사하는 데 있어 헬라어는 정확하고 전문적인 용어를 제공했다.

□**유대의 독립**은 유다 지파의 한 종족인 마카비가(家)에 의해 이루어졌다. 그들은 주전 176년에 대규모 폭동을 주도했다. 하스모니안가라고 불리우는 가계(家系)가 약 1세기 동안(주전 176-63년) 유대에 독립을 안겨주었다. 400년 간의 침묵기에 있었던 많은 영적 활동이 이 시기에 이루어졌다.

□폼페이 대제에 의해 **로마**는 주전 63년에 팔레스틴을 정복했고, 그 통치는 주후 500년까지 계속되었다. 그리스도는 로마의 가이사 아구스도의 통치 때 탄생하셨다. 로마가 임명한 팔레스틴의 분봉왕 헤롯 대제(주전 37~4년)는 베들레헴의 아이들을 죽였을 뿐만 아니라 예루살렘에 있는 유대 성전을 확장시키고 수축했다.

로마 세계

로마는 보편적인 평화 시대에 커다란 세계 제국을 통해 실제로 여러 가

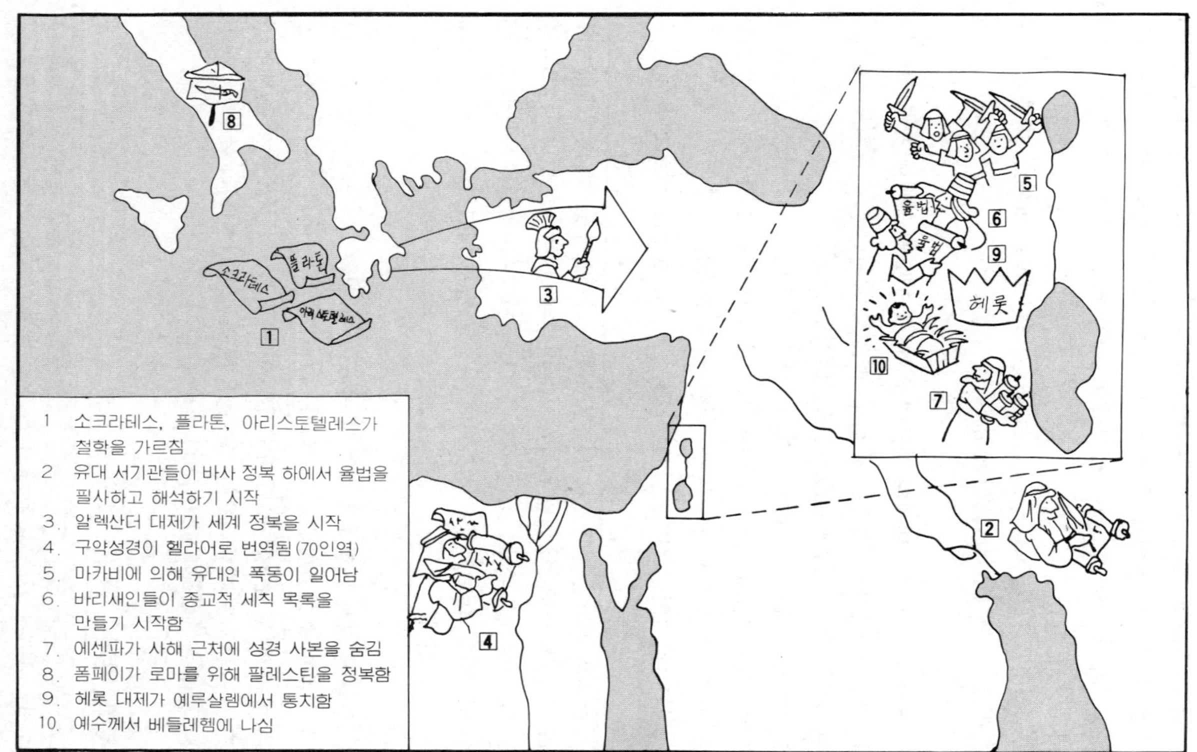

1 소크라테스, 플라톤, 아리스토텔레스가 철학을 가르침
2 유대 서기관들이 바사 정복 하에서 율법을 필사하고 해석하기 시작
3. 알렉산더 대제가 세계 정복을 시작
4. 구약성경이 헬라어로 번역됨(70인역)
5. 마카비에 의해 유대인 폭동이 일어남
6. 바리새인들이 종교적 세칙 목록을 만들기 시작함
7. 에센파가 사해 근처에 성경 사본을 숨김
8. 폼페이가 로마를 위해 팔레스틴을 정복함
9. 헤롯 대제가 예루살렘에서 통치함
10. 예수께서 베들레헴에 나심

지 방법으로 기독교 전파를 도왔다. 한 세기 전이었더라면, 국가에서 국가로 사도들이 복음을 전파하기가 훨씬 더 힘들었을 것이다.
여행을 편리하게 하기 위해 수많은 일군들이 로마로 가는 길을 이미 건설해 놓았다. 예수님 당시에는 한 사람이 날마다 평균 50~80 km (수년 전까지는 약 16~32 km 정도였다)를 갈 수 있었다. 헬라어는 신약성경을 위한 보편적인 언어가 되어 주었다.

예수님 당시는 경제적으로 큰 불황기였다. 제국 신민의 2/3는 노예들이었고, 비참하고 가난한 그들의 수는 6천만 명에 이르렀다. 사복(私腹)을 채우기도 했던 세리들은 백성들에게 과중한 세금을 부과했다. 그들은 일정액 이상을 거두어들여 그 차액을 착복했다. 제사장들은 또한 성전의 제사로부터 불공정하게 돈을 벌었다. 사리사욕을 채우던 자들은 두 번씩이나 예수님에 의해 성전에서 쫓겨났다.
로마 세계는 도덕의 타락과 영적 부패로 쇠망하고 있었다. 철학자들은 얼마나 많은 신들이 올림푸스 산에 살고 있는가에 대해 조롱했다. 로마가 새로운 지역을 정복하면, 아무 쓸모도 없이 더 많은 신들이 유입되었다. 헬라 철학조차 끝난 것 같았다.

유대종파들

유대교는 의식의 종교로 전락되었을 뿐만 아니라 종파 간에 갈등도 있었다. 유대 지도자들이 예수님을 비난한 이유는 그분이 그들의 복잡한 율례와 의식을 깨뜨렸다는 것이었다.
구약 시대에 일반적이었던 우상 숭배를 인해 그들은 길다란 율법 목록을 지킴으로써 거룩함을 보존하려고 노력했다. 대제사장에 의해 이끌어지던 공회는 종교적인 일들과 일부 세속적인 일들을 다루는 이스라엘의 최고 재판소가 되었다. 그러나 주요한 결정은 여전히 로마 당국에 맡겨졌다. 회당은 제국 전역에 흩어져 살던 유대인들을 위한 교육과 집회의 장소였다.

여섯 가지 종파가 백성들의 지지를 획득하려고 서로 경쟁했다.

□**바리새인**들은 보수주의자들로, 구약성경 율법과 옛 유대 전통에다가 많은 율례와 의식을 지켜야 한다고 주장했다.

□**사두개인**들은 종교적, 정치적으로 자유주의자들이었다. 그들은 부활과 영혼불멸을 믿지 않았고 바리새인들과 유대 전통을 반대했다.

□**서기관**들은 직업적인 율법 교사들이었다. 이들 구약성경 및 전통을 배우는 자들은 일반적으로 존경을 받기는 했지만 많은 시간을 율법의 세부 사항에 대한 논쟁으로 허비했다. 그들은 그리스도를 증오했다.

□**헤롯당**은 당국을 지지하고 헤롯가가 집권하기를 원했다. 그들은 예수 님을 정치적인 반대 세력으로 보았다.

□**열심당**은 로마인들에 대해 폭력까지도 사용했던, 헤롯의 정적(政敵) 들이었다. 모세 때처럼 팔레스틴이 신정정치(하나님에 의한 통치)에 의 해 다스려지기를 그들은 원했다.

□**에센파**는 쿰란 지역(사해 북서부)의 사막 동굴로 피신함으로써 세속 적 및 종교적 생활의 부패를 피하려고 했다. 어떤 이들은 세례(침례) 요 한이 에센파와 연관이 있었다고 생각한다.

종이 뭉치

에센파는 1947년에 사해 사본이 발견된 후 각광을 받게 되었다. 이것은 상당한 분량의 성경 사본(이전에 발견된 것보다 더 오래됨)뿐만 아니라 금욕적인 그들의 생활 교범을 포함하고 있다.

사해 사본에 더해 침묵의 400년 간에 기록된 가장 중요한 것은 아마 『칠십인 역』(Septuagint) 일 것이다. 이 헬라어 구약성경은 주전 250년 경 애굽의 알렉산드리아에서 만들어졌다. 그 이름은 번역 사역에 참여한

번역자들이 72명 이었다는 데서 유래되었다(유대 12지파에서 각 6명씩 선출되었다). 히브리어는 당시에 사어(死語)가 되고 있었으므로, 그 당시의 주요 언어로 구약성경이 알려지도록 하기 위해 칠십인 역이 만들어졌다.

  이들 및 당시의 다른 기록들로부터 볼 때, 예수님은 완전하게 준비된 세계에 임하셨음이 분명하다. 전 구약 시대 및 침묵기 중에 하나님은 구주의 출현을 준비시키셨다. 독생자의 탄생을 위해 세상을 준비시키시려고 하나님은 4,000년 이상이나 지상의 역사에 개입하셨다.
성경 곳곳에서, 하나님은 사람을 준비시키시는 데서도 주도면밀함을 보이셨다. 그분은 40년 동안 이스라엘 사람들을 인도하시는 데 모세를 쓰시기 위해 80년 간이나 그를 준비시키셨다(준비와 사역 기간이 2대 1의 비율이다). 예수께서는 3년 간의 사역을 위해 30년을 준비 기간으로 보내셨다(10대 1의 비율).

  적절한 준비는 보다 적은 시간 내에 보다 많은 것들을 성취할 수 있게 한다. 생업이나 일상 생활 중에서 우리는 개인적인 사역을 위해 하나님이 인도하시고 준비시키심에 대해 각자 민감해야 한다.

3
이것이 복음의 진리

당신은 그리스도의 생애에 대해 얼마나 잘 알고 있는가? 발생 순서대로 다음의 유명한 사건들에 번호를 매겨 보라(나중에 이 장에서 정답이 주어질 것이다).

☐ 물을 포도주로 바꾸신 혼인 잔치의 손님 (Guest)
☐ 중생에 대한 니고데모와의 대담 (Interview)
☐ 광야에서 세 가지로 시험한 원수 (Enemy)
☐ 제자들에게 전하신 산상수훈 (Message)
☐ 동정녀 마리아에 의해 베들레헴에서 탄생하심 (Birth)
☐ 첫번째 성전 청결 (Housecleaning)
☐ 다락방에서 제자들의 발을 씻기심 (Washing)
☐ 예수님이 전하신 천국 비유들 (Parables)
☐ 나사렛의 목수 (Carpenter)
☐ 나사로가 다시 살아나온 무덤 (Tomb)

그리스도의 지상 생애에 대해 단편적으로 잘 알고 있는 사람은 많지만 그것을 한 눈으로 파악하는 사람은 많지 않다. 본 장에서 우리는 4복음서를 조감해 보고 거기 기록된 사건들이 일어난 위치를 지도로 그려 보게 될 것이다.

사복음서

사복음서는 신약성경 권수로는 15퍼센트(27권 중 4권) 밖에 안 되지만, 페이지 수로는 약 45퍼센트나 된다. 신약성경의 첫 4권은 나머지 23권을 합한 만큼의 분량이다.

4복음서는 똑같은 모습을 다른 관점에서 보고 그린 네 가지 그림이라고 생각하라. 네 작품이 합쳐질 때에야 우리는 단지 한 관점에서는 볼 수 없는 네 가지 측면의 모습을 보는 것이다.

구주의 전기(傳記)를 기록하면서, 복음서 기자들은 자신의 주제를 지지하는 표적, 말씀, 장면을 각각 선별해 냈다.

마태가 예수님을 **유대인의 왕**으로 제시하는 반면, 마가는 그분을 **완전한 종**으로 보고 있다. 그리스도는 왕으로서의 모든 위엄을 가지셨지만, 그분은 가장 겸손한 종으로서 그것을 행사하셨다.

누가는 예수님을 **완전한 인간**으로 제시하는 반면에, 요한은 그분을 **완전한 하나님**으로 묘사한다. 다시 말해, 각기 동전의 한 면을 강조했다. 그리스도는 하나님이시요, 인간이시다. 인간으로서의 그리스도는 우리 인류를 충분히 동정하실 수 있었고 자기 목숨을 친구를 위해 버리실 수 있었다. 그러나 자신의 신성 때문에 그리스도는 하나님의 완전한 표준을 충족시키시며 세상의 죄를 위한 유일한 대속제물이 되신다.

마태복음 – 유대인의 메시아

마태는 유대인을 위해 글을 쓴 한 유대인이었다. 그의 멧세지는 예수님이 히브리 성경을 통해 예언되고 묘사되어 왔던 분, 오랫동안 고대해 온

메시야, 곧 하나님이 기름 부으신 분이시라는 것이었다. 마태는 신구약
을 자연스럽게 연결시키면서, 구약을 99번이나 인용하고 예수님에 의해
성취된 열 가지 특별한 예언들을 기록한다. 그는 "왕"과 "나라"라는 말을
75번이나 사용했다.

　마태는 1~4장에서 그리스도를 왕으로서 제시하면서, 그분의 가계(家
系)를 따라가서 다윗을 거쳐 아브라함까지 올라간다. 그리스도의 강림은
성경에 의해서 뿐만 아니라 별과 천사들에 의해서도 증거되었다. 하나님
은 자기 아들을 위험에서 보호하셨고 나중에 요한은 그분이 세상의 죄를
지고 가는 어린 양이라고 선포했다. 세례(침례) 중에 예수께서는 공개적
으로 하나님의 아들로 인정되셨다.

　그리스도에 대해 다른 사람들이 한 말을 증거한 후, 마태는 자기 백성
을 위한 왕의 칙령을 인용한다(5~7장). 그분이 통치 능력을 갖고 계심은
많은 이적을 통해 명백해졌다(8~10장).

마태 - 유대인의 메시야

유대 지도자들이 예수님을 자기들의 왕으로 삼지 않기로 결정한 후(11
~15장), 그분은 제자들을 준비시키셨고(16~20장), 임박한 자신의 죽
음과 부활을 준비하셨다(21~28장). 메시야는 그분을 유대인의 왕이라
고 선포하는 표가 붙여진 십자가 상에서 죽으셨다.

하나님은 자기 아들을 새 건물, 곧 교회의 기초와 모퉁이 돌로 삼으셨
는데, 그 교회에는 유대인과 이방인의 구별이 없다. 그분께 속하는 사람
들은 주와 구주이신 그리스도를 개인적으로 믿음으로써 모두 하나가 된
다.

마가복음 ─ 메시야는 종이시다

하늘과 땅의 모든 권세를 가지신 분은 그 권위를 어떻게 행사하셨을까?
그분은 모든 자의 종이 되셨다 ! 마가는 섬김을 받으려 함이 아니라 섬기
러 오신 메시야의 모습을 제시한다. 예수님은 큰 자가 되는 방법은 종이
되는 것이라고 가르치셨다(막 10 : 42~45).

마가는 예수님의 탄생과 그 배경은 기록하지 않았다. 사실, 종의 가계
(家系)에 누가 관심을 갖겠는가? 이 짧은 복음서에는 예수께서 하신 말
씀은 짧게 요약되어 있지만 그리스도의 일에 대해서는 길게 이야기하고
있다. 그분이 종이시라는 데 대한 또 하나의 표적으로서 마가복음에는
부활 전의 예수님을 '주'라고 부른 경우가 한 번도 없다. 신성한 종의 활
동을 강조하면서, 마가는 자기 아버지에 대한 그리스도의 신속하고 전적
인 순종을 나타내기 위해 "곧"을 의미하는 헬라어 단어를 40번이나 사용
했다.

구속이 종의 최대 사역이었기 때문에 전체의 팔분의 삼(16장에서 6장)
이 십자가에 달리시기 전의 마지막 한 주를 다루고 있다. 그리스도는 위
대함에로 가는 정도(正道)로서 다른 사람을 완전히 섬기는 본을 남기셨
다.

1~10장은 갈릴리 지경에서의 그리스도의 봉사, 비유, 이적을 강조한다. 11~16장은 예루살렘에서의 희생, 예언, 부활을 강조한다.

누가복음 - 인간의 모습

누가가 즐겨 부른 그른 그리스도의 이름은 "인자"이다. 이 사랑 많은 의원은, 죄악된 사람들을 동정하실 뿐만 아니라 찾아 구원하기 위해 예수께서 인간으로 오셨음을 나타내기 위해 가장 긴 복음서를 기록했다(눅 19 : 10). 이 의원이 그리스도와 인간 간의 상호 행동에 대한 매우 역사적이고 상세한 사실들을 우리에게 보여주는 것은 놀라운 일이 아니다. 예수님의 감정은 누가복음에 가장 잘 나타나 있다. 누가는 예수님이 보통 사람이 아님을 우리에게 확신시키다. 예수님은 동정녀 탄생을 통해 인간 세계에 들어오신 완전한 인간, 곧 독특한 신인(神人)이시다. 그분

누가 - 인간의 모습

의 어머니는 마리아였지만, 그분의 아버지는 하나님 이외에는 없다. 예수님은 죽을 인간이셔야 했지만, 세상의 죄를 위해 그분의 죽음이 유효한 대가가 되기 위해 하나님이셔야 했다.

누가복음은 히브리서 2장 17절과 4장 15절의 주석이다.
"그러므로 저 [그리스도]가 범사에 형제들과 같이 되심이 마땅하도다 이는 하나님의 일에 자비하고 충성된 대제사장이 되어 백성의 죄를 대속하려 하심이라… 우리에게 있는 대제사장은 우리 연약함을 체휼하지 아니하는 자가 아니요 모든 일에 우리와 한결같이 시험을 받은 자로되 죄는 없으시니라."

그리스도는 한 가지 외에는 모든 면에서 우리와 같으시다. 그분 자신에게는 죄가 없었기에 그리스도는 십자가 위에서 기꺼이 우리 죄를 담당하실 수 있었다. 누가복음의 주요 부분을 네 가지로 비교해 보자.

□ 1~3장 : 예수님의 탄생과 유년시절을 둘러싼 사건들에 강조점을 둔
  첫 30년
□ 4~8장 : 갈릴리에서의 이적을 강조하는 첫 1년 반
□ 9~18장 : 베레아에서의 비유에 강조를 두고 제자들을 가르치신 약
  반 년
□ 19~24장 : 십자가에 달리시기 직전의 8일 및 부활 후의 40일

요한복음 – 예수님은 하나님이시다

요한은 하나님의 아들로서의 예수님의 역할을 강조한다. 요한복음 기사
에서 다른 복음서들과의 공통 부분은 약 8%밖에 되지 않는다. 요한은 인
간 가운데서의 절대적인 그리스도의 독특성을 강조한다. 그분은 바로 육
신으로 오신 하나님이시다 !

요한 – 예수님은 하나님이시다

요한은 신성을 주장하시는 그리스도의 일곱 말씀을 다음과 같이 주의 깊게 선택했다.

- "나는 생명의 떡이다"(6 : 35)
- "나는 세상의 빛이다"(8 : 12)
- "나는 문이다"(10 : 9)
- "나는 선한 목자다"(10 : 11)
- "나는 부활이요 생명이다"(11 : 25)
- "나는 길이요 진리요 생명이다"(14 : 6)
- "나는 참 포도나무다"(15 : 1)

그리고 하나님만이 하실 수 있는 일곱 가지 이적들을 이렇게 선택했다.

- 물이 포도주가 됨(2 : 1~11)
- 신하의 아들이 나음(4 : 46~51)
- 삼십 팔 년 된 병자가 나음(5 : 1~9)
- 오천 명을 먹이심(6 : 1~14)
- 물 위로 걸으심(6 : 16~21)
- 소경을 고치심(9 : 1~7)
- 나사로의 부활(11 : 1~46)

요한복음에서는 사상적인 흐름이 일곱 번에 걸쳐 이어진다.

- 서론(1 : 1~18)
- 여러 주장의 제시(1 : 19~4 : 54)
- 유대인의 반대(5~12장)
- 제자들에의 설명(13~16장)
- 아버지께의 중보 기도(17장)
- 로마인의 십자가 형(18~19장)
- 생명의 부활(20~21장)

성육신

요한은 사람들이 예수께서 하나님의 아들 그리스도이심을 믿게 하여 생명을 얻게 하려고 복음서를 기록했다(요 20 : 30~31). 요한복음 3장 16절은 전 복음의 축소판이다.
"하나님이 세상을 이처럼 사랑하사 독생자를 주셨으니 이는 저를 믿는 자마다 멸망치 않고 영생을 얻게 하려 하심이니라."
　그리스도의 교훈과 그리스도에 대한 증거를 낱낱이 기록한다면 수많은 책들을 만들 수 있을 것이다(요 21 : 25). 그런데 하나님의 아들로서 예수님을 믿기 위해서는 기록된 것만으로도 충분하다. 하나님은 자신의 일을 하셨다. 구주가 오셨고, 그분에 대해 성경이 기록되었다. 우리의 일은 그 기록을 믿고 우리의 구주로서 그분을 영접하는 것이다(요 1 : 12).

　당신은 개인적으로 예수 그리스도를 어떻게 보는가? 그분을 단지 한 착한 사람이나 위대한 스승으로 본다면 그것은 잘못이다. 말씀으로나 일로써 그리스도는 신성을 주장하셨다. 만일 그분이 하나님이 아니시라면, 그분은 거짓말쟁이거나 미치광이셨을 것이다. 만유의 주이시라는 그분의 주장을 나는 인정한다. 하나님이 어떠한 분이신가를 알고 싶다면, 예수 그리스도를 보라. 그분은 육신으로 오신 하나님이시다.

땅을 유의하라

신약 세계는 이스라엘에서 이달리야까지 뻗쳐 있지만, 주 예수님의 생애는 작은 부분에 국한되었다. 지상 생애 중에 예수께서는 고향을 떠나 160㎞ 이상 여행하신 적이 없었다. 그분은 세계를 변화시키기 위해 애써 멀리 갈 필요가 없었고 우리도 마찬가지이다. 필요한 것은 하나님이 원하시는 곳에 우리가 있으면서 그분의 뜻을 행하는 것이다.

　1장에서의 신약 지도 일부를 이용하여 예수께서 사시며 일하셨던 장소들을 쉽게 그려 볼 수 있다. 적당한 비율을 맞추기 위해 가로를 이등분하

고 세로를 삼등분한 종이를 사용하라. 해안선을 삼등분하는 점과 지중해
가 만나는 지점이 갈릴리 바다 서편의 갈멜산이다. 사해가 지도의 맨아
래 중앙에서 있음을 주목하라. 지중해의 해안선이 애굽쪽으로 급히 서향
하고 있는 지점이 사해 밑부분의 정 서쪽이다. 요단강은 두 바다를 연결
한다.

어릴 때의 애굽 여행을 포함해서 예수께서는 일곱 지방을 여행하셨다.
지도상에서 나머지 여섯 지방을 살펴보면 요단강 양편에 각각 세 지방이
있음을 볼 수 있다.
갈멜산과 갈릴리 바다 사이 지역이 갈릴리이다. 유대는 사해와 지중해
사이이고, 유대와 갈릴리 사이는 사마리아이다.
갈릴리 바다 북동부는 이두래이고, 사해의 북동부는 베레아이다. 그들
사이는 그 지역의 열 개의 주요 도시를 일컫는 이름인 데가볼리이다.

복음서를 개관하기 위해서는 일곱 개의 성들이 매우 중요하다. 지도의
윗 부분에 있는 세 주요 성들, 즉 가나(Cana), 가버나움 (Caper-
naum), 가이사랴 빌립보 (Caesarea Philippi) 가 그것이다. 예수께서
처음으로 공적인 이적을 행하셨던 가나에서 남쪽으로 약 9km 지점에 예
수께서 유년기를 보낸 동네인 나사렛이 있다. 사마리아의 가운데 지역은
야곱의 우물이 가까이 있는 수가이다. 사마리아(Samaria) 와 수가
(Sychar) 가 영어로 똑같은 글자로 시작되듯이 유다(Judea) 와 예루살
렘 (Jerusalem) 도 마찬가지이다. 예루살렘에서 남쪽으로 9km 지점에
는 우리 구주의 탄생지인 베들레헴이 있다.

다음 장을 시작하면서 우리는 예수님의 생애 중에서 26가지의 주요 사
건들을 살펴볼 것이다. 팔레스틴 지도 상에 그리스도(Christ) 의 C 라
는 글자를 만드는 이 사건들의 위치를 표시하라. 이 사건들은 본서에서
목수, 주장, 선택, 학습, 십자가라는 다섯 복음 시대에 해당되는 것들이
다.
예수께서는 "나는 알파와 오메가요 처음과 나중이요 시작과 끝이다"
(계 22 : 13)고 말씀하셨다. 알파와 오메가는 헬라어 알파벳의 처음과

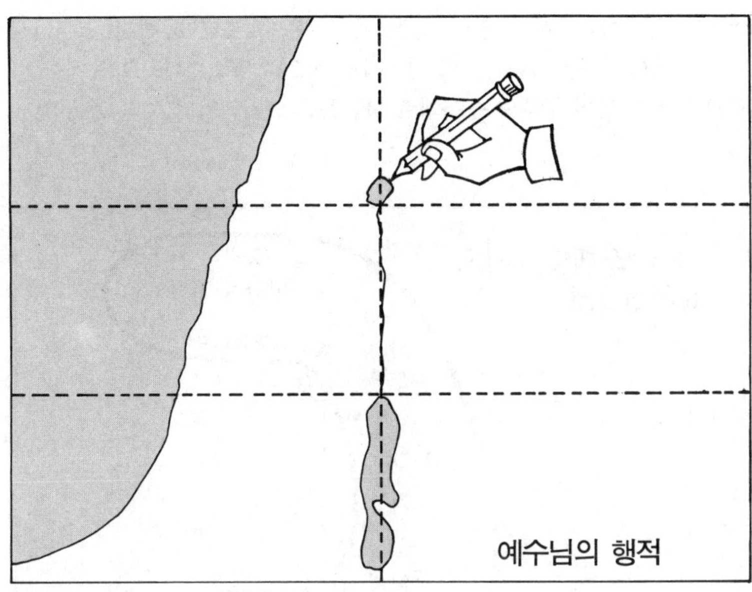
예수님의 행적

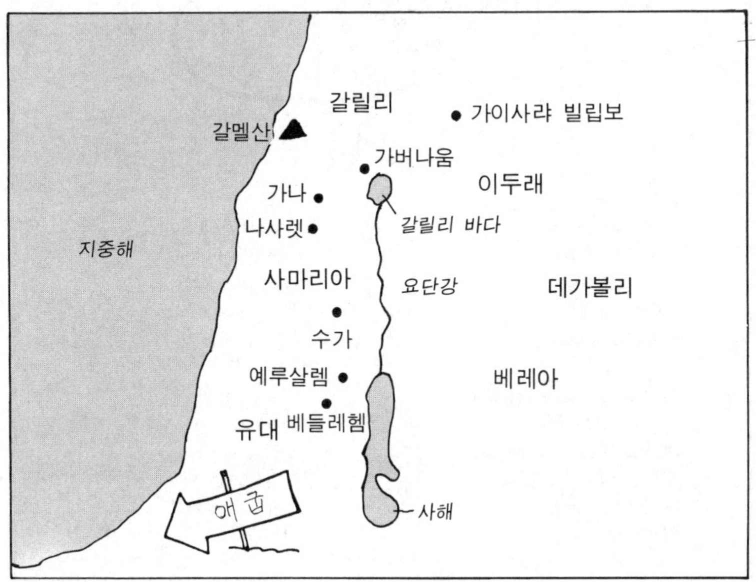
갈릴리
갈멜산
가이사랴 빌립보
가버나움
이두래
가나
나사렛
갈릴리 바다
지중해
사마리아
요단강
데가볼리
수가
예루살렘
베레아
유대 베들레헴
애굽
사해

마지막 글자이다. 다른 말로 하면 예수님은 A부터 Z까지 전부이시
다! 그것이 이 장 처음에서의 십점짜리 퀴즈의 열쇠이다. 그 문제는 마
지막 단어의 영어 알파벳 순서대로 사건들을 열거하기만 하면 풀어진다.

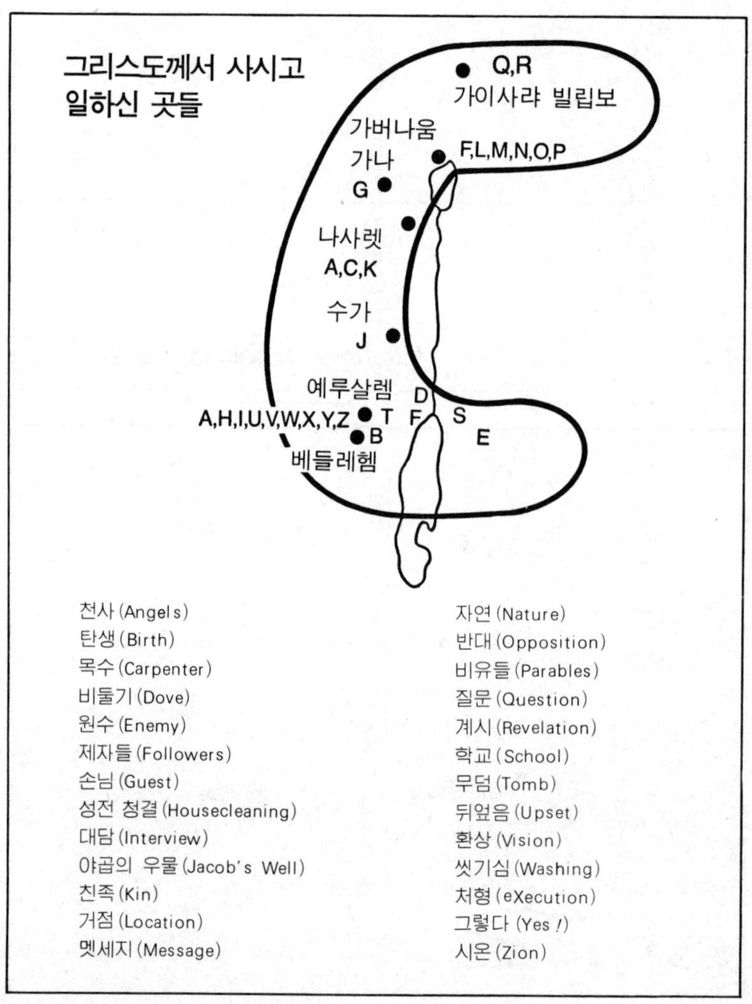

천사 (Angels)	자연 (Nature)
탄생 (Birth)	반대 (Opposition)
목수 (Carpenter)	비유들 (Parables)
비둘기 (Dove)	질문 (Question)
원수 (Enemy)	계시 (Revelation)
제자들 (Followers)	학교 (School)
손님 (Guest)	무덤 (Tomb)
성전 청결 (Housecleaning)	뒤엎음 (Upset)
대담 (Interview)	환상 (Vision)
야곱의 우물 (Jacob's Well)	씻기심 (Washing)
친족 (Kin)	처형 (eXecution)
거점 (Location)	그렇다 (Yes !)
멧세지 (Message)	시온 (Zion)

4
목수의 주장

목수 시대(**누가복음** 1 - 2장)
주장 시대(**누가복음** 3 : 1 - 6 : 11)

다음 네 장에서는 영어 알파벳을 암기 보조 도구로 사용하면서 사복음서를 훑어 보겠다. 이는 예수님 생애의 26가지 주요 사건들을 발생 순서대로 쉽게 기억하게 도와줄 것이다. 사복음서를 다 살핌에 있어 누가복음이 기본이 될 것이다.

천사 (Angels) 의 A

천사들은 예수님의 탄생을 준비하거나 알리기 위해 일곱 번 나타났다. 가브리엘 천사는 엘리사벳이 예수님의 선구자인 세례(침례) 요한을 낳을 것임을 알리기 위해 예루살렘 성전에서 그녀의 남편인 스가랴에게 나타났다(눅 1 : 5~25). 스가랴는 처음에는 그것을 믿지 않았기 때문에 말을 할 수 없게 되고 말았다. 요한이 태어난 후, 스가랴는 목소리를 회복하여 이렇게 예언했다.
"이 아이여 네가 지극히 높으신 이의 선지자라 일컬음을 받고 주 앞에 앞서 가서 그 길을 예비하여"(눅 1 : 76).

　가브리엘은 또 나사렛의 마리아에게 나타나서 그녀가 그리스도를 세상에 임하시게 하는 성령의 도구가 될 것임을 설명했다(눅 1 : 26~38). 주의 천사는 요셉에게 나타나, 그가 사랑하는 마리아가 메시야의 어머니가 될 것임을 확신시켰다(마 1 : 18~25). 그리스도의 동정녀 탄생을 믿은 요셉의 신앙을 상상해 보라 !
　또한 천사들은 베들레헴 지경에 있던 목자들에게 구주의 탄생이라는 기쁜 소식을 전했다(눅 2 : 8~15). 천사들은 세 번 더 나타나 요셉에게 방향을 제시했다.

탄생 (Birth) 의 B

처녀가 아들을 낳는 것보다 더 놀라운 일은, 하나님이 사람이 되셨다는 것이다. 만세(The Ancient of Days) 의 주께서 시대의 자녀(Child of Time) 가 되셨다. 하나님의 아들이 사람의 아들(人子)이 되셨다.
　예수께서는 베들레헴에서의 탄생으로 새로운 양상의 실존(existence) 을 시작하셨다(눅 2 : 1~7/요 1 : 1~18). 천사들은 첫번째 성탄절에 놀라움을 금치 못했음이 틀림없다. 항상 하늘의 광휘와 천사들의 경배를 받으셨던 분이 자신의 영광을 감추시고 시골의 비천한 한 쌍의 부부에게 태어난 무력한 아기가 되셨다.
도저히 인간을 위해 준비된 곳이라고 는 볼 수 없는 장소에서 유대인의 왕이 나셨다. 그것은 크리스마스 카드에서 볼 수 있는 깨끗하고 말쑥한 곳이 아니었다. 예수님의 침상은 마굿간이었다. 영광의 주께 이 얼마나 비천한 시작인가 !

예수님의 세계(世系)는 다윗의 보좌에서 통치할 그분의 권리를 보장해 준다. 아브라함에 이르는 요셉의 가계나 첫 사람 아담에 이르는 마리아의 가계(눅 3 : 23~38)같이 끊기지 않는 가계를 제시할 유대인은 오늘날 아무도 없다.

그리스도의 탄생이 그렇게 비천했음에도 불구하고, 목자들(눅 2 : 8~20), 시므온과 안나(눅 2 : 22~38), 동방 박사들(마 2 : 1~12)은 예수님을 메시야로 알아보았고 그분께 경배했다.

헤롯 왕은 왕이 나셨다는 박사들의 말을 듣고 크게 놀랐다. 그 왕이 절대 권력을 잡지 못하도록 그는 베들레헴의 아이들을 죽였다. 그러나 천사의 경고로 예수님, 마리아, 요셉은 애굽으로 피신했다(마 2 : 13~18). 안전해졌을 때에야 그 가족들은 나사렛으로 돌아왔다(눅 2 : 39).

목수 (Carpenter) 의 ◀

의사 누가는 나사렛에서의 예수님의 유년기와 성장에 관한 소위 "침묵기"에 대해 두 가지 사실을 밝힌다. 두 번 다 그는 예수님의 지혜와 키가 자라갔고 하나님과 사람들의 사랑을 받으셨다고 말한다(탄생부터 열 두 살까지 — 눅 2 : 40/열 두 살부터 서른 살 무렵까지 — 눅 2 : 51~52). 유년 시절에 예수님은 어머니와 양아버지께 순종하셨다. 그분은 분명히 "요셉네 목공소"(Joseph and Sons Carpentry Shop) 의 견습 목수이셨다.

예수님은 정신적, 신체적, 영적, 사회적으로 완전하게 성장하셨다. 하나님은 우리도 그러한 영역에서 성장하기를 원하신다.

"그러므로 형제들아 내가 하나님의 모든 자비하심으로 너희를 권하노니 너희 몸을 하나님이 기뻐하시는 거룩한 산 제사로 드리라〔신체적 성장〕 이는 너희의 드릴 영적 예배니라〔영적 성장〕 너희는 이 세대를 본 받지 말고 〔사회적 성장〕 오직 마음을 새롭게 함으로 변화를 받아〔정신적 성장〕"(롬 12 : 1~2).

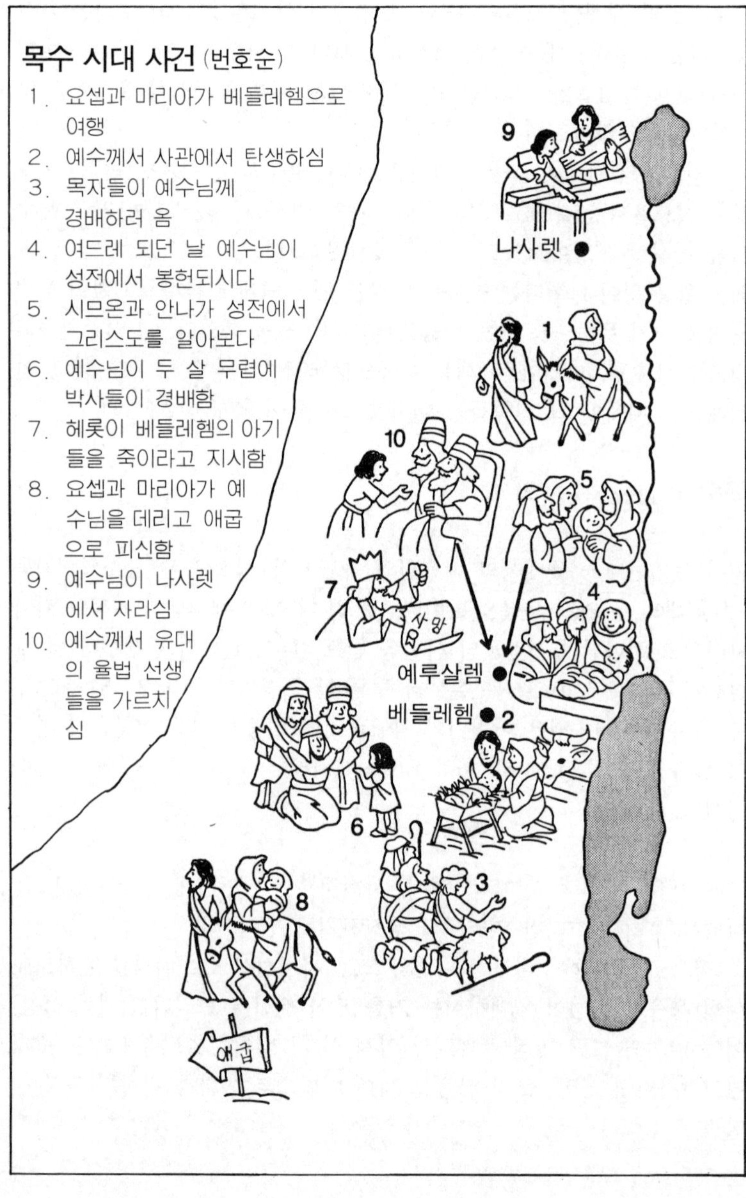

목수 시대 사건 (번호순)

1. 요셉과 마리아가 베들레헴으로 여행
2. 예수께서 사관에서 탄생하심
3. 목자들이 예수님께 경배하러 옴
4. 여드레 되던 날 예수님이 성전에서 봉헌되시다
5. 시므온과 안나가 성전에서 그리스도를 알아보다
6. 예수님이 두 살 무렵에 박사들이 경배함
7. 헤롯이 베들레헴의 아기들을 죽이라고 지시함
8. 요셉과 마리아가 예수님을 데리고 애굽으로 피신함
9. 예수님이 나사렛에서 자라심
10. 예수께서 유대의 율법 선생들을 가르치심

우리가 네 영역의 성장에 전력을 다한다면 어떤 결과를 기대할 수 있겠는가? 2절은 계속해서 말한다.
"하나님의 선하시고 기뻐하시고 온전하신 뜻이 무엇인지 분별하도록 하라"(롬 12 : 2).

비둘기 (Dove) 의 D

약 삼십 세가 되셨을 때, 예수께서는 요단강에서 자기의 사촌인 요한에게 세례(침례)를 받으심으로써 공생애를 시작하셨다. 여기서 온전한 삼위일체가 나타났다. 성자는 물 속에 계셨고, 성령은 비둘기같이 내려오셨고, 성부는 "너는 내 사랑하는 아들이라 내가 너를 기뻐하노라"(눅 3 : 21~23)고 말씀하셨다.

요한은 옛 생활에서 메시야를 만나기 위한 준비로 돌아선다는 회개의 한 표적으로서 유대인들에게 세례(침례)를 주었다(눅 3 : 1~20). 자기의 사촌이신 예수님을 보았을 때, 요한은 "보라 세상 죄를 지고 가는 하나님의 어린 양이로다"(요 1 : 29)라고 선언했다. 예수님은 회개할 죄가 전혀 없으셨음에도 불구하고 죄악된 인간과 같아지시려고 세례(침례)를 받으셨다.

원수 (Enemy) 의 E

세례(침례) 받으신 후, 예수께서는 성령의 이끌리심을 받아 사해 북쪽 끝의 광야에 가셔서 사단에게 시험을 받으셨다(눅 4 : 1~13). 예수님의 원수인 마귀는 바로 우리들의 원수이다. 사단은 우는 사자처럼 삼킬 자를 찾는다(벧전 5 : 8).
유대 광야에서 선과 악의 세력 간의 우주적 투쟁이 벌어졌다. 예수님의 시험은 실제적이었는가? 그렇다. 그분은 범죄하실 수 있었는가? 인간으로서는 그러실 수 있었다. 그러나 하나님으로서는 그러실 수 없었다. 가장 어려운 시험을 당하셨음에도 불구하고 예수님은 범죄하실 수가 없었다. 황량한 광야에서 그분은 사십 일간 금식하셨다. 사단은 예수님께 음식, 명예, 권력을 제시했지만, 예수님은 사단의 제안을 따라 자신의 거룩한 권세를 사용하려고 하시지 않았다. 뿐만 아니라 그분은 십자가를 피해가셔서 세상 나라와 사람들의 환호를 얻으려 하시지 않았다. 그분은 자기 자신의 유익을 위해 영혼을 팔려고 하시지 않았다.

신명기 말씀을 세 번 인용하시면서, 예수님은 하나님의 말씀으로 각각의 시험을 물리치셨다. 예수님은 구약성경을 암기하셨음이 분명하다. 보통의 신자는 구약에서 얼마나 많은 성구들을 인용할 수 있겠는가? 시험의 때에 가장 유용한 말씀은 우리의 노트나 스탠드 위에 적힌 것이 아니라 우리의 머리와 마음에 있는 것이다. 우리 역시 하나님의 말씀을 마음에 두어 범죄하지 말아야 할 것이다(시 119:11).

제자들 (Followers) 의 F

예수님의 제자들 중 몇 명은 베레아에서 그분을 따르기 시작했고, 다른 이들은 갈릴리에서 부르심을 받았다. 몇 명은 처음에 요한의 제자였다가 예수님께 나아왔었다. 요한의 제자들은 시간이 갈수록 줄어들었다. 그러나 본래 그의 역할이 메시야를 위해 길을 예비하는 선구자가 되는 것이었으므로 그것은 성공이었다.

당신은 열 두 사도의 이름을 다 말할 수 있는가? 열 둘을 기억하기 위한 방법으로 베드로의 주소가 가버나움의 인간 52번가(52 MAN ST)라고 생각하라. "5"는 영어 이름이 "J"로 시작되는 다섯 사도들을 나타낸다. 그들은 야고보(James)와 요한(John) 형제, 알패오의 아들 야고보(James)와 다대오라고도 불렸던 유다(Judas) 및 가룟 유다(Judas Iscariot)이다. "2"는 첫 글자가 "P"인 베드로(Peter : 시므온이나 게바로 불려지기도 함)와 빌립(Philip) 두 사도를 가리킨다. 나머지 다섯 글자는 마태(Matthew: 레위), 안드레(Andrew: 베드로의 형제), 나다나엘(Nathanael : 바돌로매라고도 불림), 시몬(Simon : 열심당 또는 가나안인), 그리고 도마(Thomas : 디두모)이다.

　예수께서는 삼 년 동안 함께 여행하기 위해 왜 이 열 두 사람을 선택하셨는가? 자기를 따랐던 수많은 제자들 가운데서 공식적으로 열 두 사도(사도란 원래 "보냄을 받은 자들"을 의미함)를 선택하기 전날 밤 내내 기도하신 것으로 보아 그 결정은 중요했음이 틀림없다(눅 6 : 12~16). 마가는 이렇게 대답한다.
"이에 열 둘을 세우셨으니 이는 자기와 함께 있게 하시고 또 보내사 전도도 하며"(막 3 : 14).
　처음에 주님은 자기 사람들을 제자(제자란 원래 "배우는 자"를 의미함)로 만들기 원하셔서 자기의 삶과 교훈을 그들에게 상세하게 밝히셨다. 견습자로서 그분을 섬긴 그들은 주님의 일을 하도록 보냄을 받을 수 있었다.

　그분은 우리가 당신을 구주로 믿게 된 후 왜 우리를 이 땅에 그대로 남겨 두시는가? 우리가 그분을 맞아들일 준비가 가장 잘 되어 있는 순간은 그분의 희생을 우리의 것으로 받아들이는 순간이다. 그러나 예수께서는 원 사도들같이 우리를 자신의 일꾼들로서 보내기를 원하신다.
　다른 사람들을 자신에게로 이끄는 데 하나님께서 우리를 어떻게 쓰시는가를 알려면 최초의 기사를 읽으라(요 1 : 35~51). 당신은 예수님을 그리스도(메시야)로 고백한 최초의 제자가 안드레였고 하나님의 아들, 이스라엘의 왕이시라고 부른 최초의 제자는 나다나엘이었음을 알게 될 것이다.

손님 (Guest) 의 ◖

공생애 초기에 예수님과 제자들은 갈릴리 가나의 한 혼인 잔치에 초대를 받았다(요 2 : 1~11). 그분은 포도주가 떨어져 당황해하는 그 집 주인을 그 난처한 입장에서 건져 주셨다. 그분은 물을 포도주로 바꾸심으로써 창조주로서 물질을 지배하는 능력을 가지셨음을 나타내셨다. 이 첫번째

1. 세례 (침례) 요한이 유대인에게 회개를 명하다.
2. 예수께서 요단강에서 요한에게 세례(침례) 받으시다.
3. 사단이 광야에서 예수님을 시험하다.
4. 예수께서 무화과 나무 아래서 나다나엘을 보시다.
5. 나를 따르라고 네 어부를 부르시다.
6. 마태가 세관에 앉아 있다가 부르심을 받다.
7. 첫번째 공적인 이적으로 물을 포도주로 바꾸시다.
8. 아버지의 전에서 동물 파는 자들을 몰아내시다.
9. 거듭남에 대해 니고데모에게 말씀하시다.
10. 사마리아 여인이 우물에서 생수에 대해 배우다.

공적인 이적은 예수님의 제자들이 그분이 누구신지를 아는 데 도움을 주었다.

예수께서는 가나 혼인 잔치에 참석하시고 또 능력을 보여 주심으로써 결혼 관계를 얼마나 귀히 여기시는가를 보여 주셨다. 그 후에도 그분은 결혼의 신성함을 더욱 강조하는 가르침을 주신 바 있다.

인류가 타락하기 이전에 시작된 결혼은 인류의 행복을 위한 하나님의 아이디어임을 우리는 알 수 있다(창 2장). 오직 하나님만이 한 남자와 한 여자가 사랑 가운데 함께 사는 놀라운 관계를 만들 지혜를 가질 수 있으셨다.

성전 청결 (Housecleaning) 의 H

제 6장에는 예수님 당시의 성전 평면도가 있다. 거기서 당신은 성전이 차지하는 공간이 얼마나 넓은지를 알수 있다. 이방인의 뜰은 성전의 남쪽에 있었으며 그곳은 이방인들이 유대인의 제사 광경을 가장 가까이서 볼 수 있었던 장소였다. 유대 여자들과 남자들은 각각 자기들의 뜰을 갖고 있었다. 제단과 성전의 나머지 부분은 제사장을 위한 것들이었다.

유대인들은 넓은 이방인의 뜰에서 예배자들을 착취하기 위한 술책을 벌였다. 그들은 제사를 위해 끌어온 동물들을 검사했고 그 동물들을 제사에 부적합한 결점을 가진 동물로 만들려고 애썼다. 그러면 순례자는 자기가 끌고 온 동물을 풀어 주고, 검사에 합격된 제물을 살 수 있는 매점으로 향했다. 그러한 "인정된" 동물은 어떻게 확보되었는가? 그 동물들은 앞의 순례자들로부터 취한, 불합격 처분을 받은 것들이었다 !

새 동물을 사기 위해 "이방의" 돈은 성전 화폐로 환전되어야 했다. 물론 환전율은 항상 성전 쪽이 유리했다. 그리고 난 후 그 돈으로 값이 훨씬 높아진 "인정된" 동물을 사야 했다. 이 얼마나 극심한 착취인가 !

예수께서 의로운 분노에 가득차서 환전상들과 동물 상인들을 성전에서 쫓아내신 것은 놀라운 일이 아니다. 그분은 "이것을 여기서 가져가라 내 아버지의 집으로 장사하는 집을 만들지 말라"(요 2 : 16)고 외치셨다.

유대 지도자들이 성전에 대한 예수님의 권위에 관해 표적을 요구했을 때, 그분은 죽은 지 사흘 만의 부활을 처음으로 예언하셨다(요 2 : 18~22).

물론 이는 예수님으로 하여금 백성에게 인기 있는 유명인이 되게 하였고 제자들로 하여금 성전에 대한 그분의 권위를 믿도록 도움을 주었다. 그러나 그것은 또한 그분으로 하여금 PBI (미연방수사국의 약칭인 FBI를 연상시키는 용어임 – 역자 주)의 요시찰 인물이 되게 하였다. 바리새 수사국(The Pharisaic Bureau of Investigation) 은 그들의 권력에 대한 이러한 위협을 중단시키려고 했다.

대담(Interview) 의 Ⅰ

얼마 후 같은 성(예루살렘)에서, 유대의 관원인 한 바리새인이 예수님께 지붕 위에서의 야간 대담을 청했다. 예수님이 행하신 이적들은 보통 사람이 결코 행할 수 없는 것이었기에 니고데모는 그분이 하늘로부터 오신 선생이시라고 바로 인식했다.

예수께서는 하나님 나라를 보기 위해서는 거듭나야 한다고 니고데모에게 말씀하셨다. 니고데모는 왜 거듭나야 하는지를 이해할 수 없었다. 예수께서는 지상 생활에 들어가기 위해 육체적 출생이 필요한 것같이 하늘에 들어가기 위해서는 다른 출생이 필요하다고 설명하셨다(요 3 : 1~16).

세상의 죄를 위한 대속제물로 자기 아들을 주시기까지 하나님은 세상을 사랑하셨다. 이제 우리가 할 일은 구주 예수님을 인격적으로 믿고 천국의 소망으로서 그분만을 의지하는 일이다. 구원은 우리가 믿는 것을 조건으로 하여 하나님께서 값없이 우리에게 주시는 선물이다. 우리는 그분의 선물을 받아들여 인격적으로 소유해야 한다. 그리스도를 구주로 영접하는 것은 죄로 인한 멸망을 피하는 것이고 하나님께서 우리에게 주시는 영원한 생명을 얻는 것이다.

야곱 (Jacob) 의 우물의 ♩

예수께서는 유대를 떠나 제자들과 함께 북쪽을 여행하셨다. 사마리아의 수가에 이르셨을 때 그분은 야곱의 우물이라고 불리는 곳에서 멈추셨다. 예루살렘에서 예수께서는 니고데모라고 하는 존경받는 사람과 이야기를 하셨다. 그런데 이제 그분은 비천한 사마리아 여자를 우물가에서 만나셨다. 그분은 물질적 물에 대한 그녀의 필요를 이용하셔서 영적 갈증을 없애 줄 생명수를 그녀에게 소개하셨다(요 4 : 1~42).

사마리아 여인은 자기가 한 일을 다 알고 계시는, 우물가에서 만난 그분을 자기 동네에 전했다. 그 말을 들은 수가 성 남자들은 귀를 쫑긋하며 "그가 진실로 나에 대해서도 알까?"라고 생각했음이 분명하다(많은 남자들이 이 여인과 죄악된 관계를 맺었었다). 여인의 증거와 예수님의 교훈으로 말미암아 많은 사마리아인들이 그분을 믿었다.

수가 성을 구원하시고자 하여 그곳에 이르셨을 때, 그분은 가장 존경받는 사람들로부터 시작해서 그들의 영향력이 아래로 흘러내려가게끔 하지 않으셨다. 그분은 동네에서 가장 나쁜 여인으로 시작하여 그녀의 급격히 변한 생활이 나머지 사람들에게도 전해지게 하셨다. 예수께서 그러한 사람도 구원하신다면, 소망은 누구에게나 다 있다.

5
장벽을 제거하고

선택 시대 (누가복음 6 : 12 - 9 : 62)

예수 그리스도에 관해서 선택할 수 있는 것에는 단지 두 가지가 있을 뿐이다. 그분은 천국에서가 아니면 지옥에서 오신 분이시다. 만일 그분의 능력이 천국에서 왔다면, 우리는 우리의 주로서 그분께 복종해야 한다. 그러나 그분의 능력이 지옥에서 왔다면, 우리는 그분을 배척해야 한다. 그분께서 행하신 수많은 이적과 신성 주장을 제쳐두고 그분을 단지 선한 도덕 선생으로 여기는 것은 바보 같은 짓이다.

예수께서는 사람들이 자신에 대해 중립으로 남아 있게 하시지 않는다. 그분께서 헌신을 요청하시면 각 사람은 가부간에 결정을 해야 한다. 목수의 주장은 그분에 대한 어떤 선택이 있을 것을 요구한다.

친족 (Kin) 의 K

북쪽으로 여행하다가 고향 나사렛에 이르시자 예수께서는 친족, 혹은 친척에게 자신을 메시야로 공식적으로 드러내셨다(요 4 : 43~45). 어머니 마리아는 그분을 믿었지만, 형제 자매들은 그렇지 않았던 것 같다. 인간적으로 나는 그 상황을 이해할 수 있다. 절대적으로 완전하신 분과 함께 살고 싶어하는 사람이 어디 있겠는가? 어릴 때에 그분은 언제나 장난감들을 챙기고 신발을 정리하셨다. 그분은 언제나 부모의 말씀대로 따르셨다. 예수님의 형제 자매가 유대 지도자들보다 먼저 그분을 십자가에 못박지 않은 것이 오히려 놀라울 따름이다!

예수께서는 지상의 가족과 친구들에게 최우선으로 복음을 전하셨다. 그러나 그들은 대부분 그분을 배척했다(눅 4 :16~30). 예수께서 죽은 자 가운데서 살아나신 것을 보고 나서야 동생 야고보가 겨우 그분을 믿게 되었다(고전 15 : 7).

그리스도와 마찬가지로, 가족과 친족이 있는 우리 자신의 "예루살렘"에서 우리는 하나님의 계획을 그들과 함께 나눌 수 있다. 그와 동시에, 배척을 받는다 해도 놀랍게 생각해서는 안 된다. 예수께서는 완전한 증인이시요 선생이셨지만, 그럼에도 불구하고 오히려 잘 아는 자들의 불신이라는 반응을 체험하셨다.

예수께서 나사렛 회당에서 자신을 구주로 주장하시자 사람들은 그분을 죽이려고 했다. 그러나 예수님은 가버나움으로 곧장 가셨다.

거점 (Location) 의 L   -

가버나움은 향후 삼 년 동안 예수님의 사역을 위한 거점이 되었다. 그분은 아마 베드로의 집을 숙소로 삼으셨을 것이다. 몇 번에 걸쳐 예루살렘에 잠시 다녀오기도 하셨지만 예수님의 공적 사역은 대부분 갈릴리 지역에 집중되었다. 복음서들에 기록된 예수님의 비유나 이적의 거의 십중팔구는 가버나움을 거점으로 갈릴리에서 이루어졌다. 상징들을 해석하는 열쇠를 살펴보기 전에 먼저 다음 페이지에 있는, 갈릴리에서의 예수님의 위대한 사역들을 식별해 보라. 보통 사람들에게 예수님의 인기가 극적으로 높아져가자 바리새인들의 적대도 극심해져 그들은 그분을 정죄할 증거와 핑계거리를 구하게 되었다.

가버나움으로의 이동과 유명한 산상수훈 사이에 예수께서는 여덟 가지의 이적들을 행하셨다(발생 순서대로 기록됨).

□ 한 신하의 아들이 예수님의 첫번째 이적이 일어났던 가나에서 나음을 받았다(요 4 : 46~54).

□ 예수님의 지시대로 했을 때 고기가 잡히자 베드로와 세 명의 동료 어부는 예수님의 발 아래 엎드려 "주여 나를 떠나소서 나는 죄인이로소이다"(눅 5 : 8)라고 말했다. 베드로처럼 예수님께 가까이 가면 갈수록 우리도 자신의 거룩치 못함을 점점 더 깨닫게 된다. 하지만 우리는 베드로에게 그러셨던 것처럼 예수께서 "무서워 말라"고 하시는 말씀을 들을 수 있다.

□ 가버나움 회당에서 예수께서는 귀신들린 사람으로부터 귀신을 쫓아내셨다(눅 4 : 31~37). 귀신의 말은 그가 예수님을 알고 있었음을 보여준다.
"아 나사렛 예수여 우리가 당신과 무슨 상관이 있나이까 우리를 멸하러 왔나이까 나는 당신이 누구인줄 아노니 하나님의 거룩한 자니이다."
귀신들도 예수님에 대해 안다. 하지만 그분을 아는 것과 그분을 믿는 것은 전혀 다른 문제이다(약 2 : 19).

□ 베드로의 장모와 그외 많은 사람들이 질병이 나음을 받았다(눅 4 : 38~44).

□ 문둥병자를 고치신 후 예수께서는 유대 제사장에게 가서 그것을 증거

하게 하셨다(눅 5 : 12~16).

□예수께서 죄 사함의 권세를 갖고 계시다는 증거로, 지붕을 통해 극적
으로 내려진 중풍병자가 걷게 되었다(눅 5 : 17~26).

□베데스다 못가의 병자가 삼십 팔 년만에 처음으로 자기의 다리를 사용
했다. 예루살렘에서의 첫번째 이적을 행하신 후 예수님은 어느날 죽음
가운데서 모든 이를 살리고 각 사람을 심판할 권세와 권위를 갖고 계시
다고 주장하셨다(요 5 : 25~29).

□예수께서는 가버나움 회당에서 한 손마른 사람을 회복시키셨다(눅 6
: 6~11).

　바리새인들과 헤롯당은 선한 사람들을 위해 하나님의 이러한 능력을
나타내시는 것을 기뻐하기보다 어떻게 그리스도를 죽일까 하는 음모를
꾸몄다(막 3 : 1~6).
　가버나움에 있는 마태의 집에서 세리들과 다른 죄인들과 더불어 식사
하실 때, 예수님은 바리새인들과 같이 금식하지 않는 제자들을 변호하셨
다(눅 5 : 33~39). 예수께서는 신랑이 함께 있는 때 친구들은 기쁘게
잔치에 참여해야 한다고 설명하셨다.

멧세지 (Message) 의 M

예수께서는 산상수훈이라 불리는 설교를 듣도록 가버나움 부근의 갈릴리
바닷가에 제자들을 모으셨다(눅 6 : 17~49/마 5~7장). 이 유명한 멧
세지에서 주기도문과 황금률은 우리에게 낯익은 내용이다. 사랑, 혼인,
기도, 구제, 용서에 대한 예수님의 급진적인 교훈을 알려면 이 구절들을
읽으라.
　예수께서는 요점을 분명히 전달하시기 위해 유우머를 사용하기도 하셨
다. 하루살이는 조심스럽게 걸러내고 약대는 삼키는 사람을 상상해 보라

선택 시대 사건 (번호순)

1. 나사렛 회당에서 배척받으시다.
2. 가버나움이 예수님의 거점이 되다.
3. 산상수훈을 전하시다.
4. 가버나움에서 중풍병자를 고치시다.
5. 유대 지도자들이 가버나움에서
   예수님을 공식적으로 배척하다.
6. 예수께서 많은 비유로 가르치시다.
7. 베드로가 예수님이 그리스도이심을 믿다.
8. 변화하신 예수께서 모세 및 엘리야와
   이야기하시다.

헬몬산
가이사랴 빌립보
모두 예수를 쫓아내자!
당신은 그리스도십니다
복이 있나니
갈릴리
예수
가버나움
가버나움
갈릴리 바다
나사렛

(마 23 : 24). 다른 사람의 눈 속에 있는 티는 보고 자기 눈 속에 있는 들 보는 깨닫지 못하는 자를 상상해 보라(눅 6 : 41~42).

위대한 교사께서는 자신의 제자들을 위해 높은 표준을 설정하셨다. 모세 율법을 세부적으로 지키고 있던 서기관들이나 바리새인들의 의보다도 그들의 의가 더 나아야 한다고 그분은 말씀하셨다. 예수님은 (바리새인, 서기관, 유대 전통으로부터) 제자들이 들은 말과 자신이 하신 말씀을 끊임없이 대조시키셨다. 바리새인들은 의롭기 위해 사람들이 지켜야 할 길다란 목록으로 율법을 축소시켜 버렸다.

예수께서는 율법의 핵심은 하나님과 사람에 대한 진심으로부터의 사랑이라고 말씀하셨다. 마음 속의 생각과 동기는 외적인 형식보다 결코 덜 중요하지 않다. 예를 들어, 정욕은 마음 속에서 금지되어야 한다. 그렇지 않으면 실제로 간음이나 혼전 성관계 같은 일이 일어날 수 있다.

예수께서는 반석 위에 우리의 인생을 세움으로써 지혜롭게 되거나 모래 위에 쌓음으로써 어리석은 자가 되라고 촉구하시며 설교를 마치셨다(눅 6 : 47~49). 쉽게 무너져 버리는 사상누각 같은 인생은 어떻게 세워지는가? 간단하다. 그리스도의 교훈을 듣기만 하고 순종치 않으면 된다.

자연(Nature)의 N

이것은 우리로 하여금 예수께서 가버나움과 갈릴리에서 행하신 많은 이적들을 생각하게 하는 것으로서, 자연에 대해 능력을 행사하시는 그분의 신성을 나타내 주고 있다.

죽음의 문턱에 있던 로마 백부장의 종을 고치신 직후, 예수님은 한 과부의 죽은 아들을 다시 살리셨다(눅 7 : 1~17). 오직 하나님만이 죽음이 있는 곳에 생명을 창조하실 수 있다. 예수님은 육체적 영역의 생사(生死)에 대해서 권세를 갖고 계시다.

또한 예수님은 막달라 마리아로부터 일곱 귀신을 쫓아내실 때 영적 영역에서도 완전한 권세를 드러내셨다(8 : 1~3).

　복음서는 거룩한 치유자의 치료를 받기 위해 모여든 무리에 대한 일반적인 묘사 이외에 예수님의 이적을 특별히 35번이나 기록하고 있다. 예수님의 이적들에는 다음과 같은 것들이 포함되어 있다(발생순).

□ 배에서 갈릴리 바다의 광풍을 잠잠케 하심(눅 8 : 22~25).
□ 데가볼리에서 귀신들린 사람을 고치심(눅 8 : 26~39).
□ 주님의 옷을 만진 여인의 혈루증이 나음(눅 8 : 43~48).
□ 야이로의 죽은 딸을 살리심(눅 8 : 40~42, 49~56).
□ 두 소경의 눈을 뜨게 하심(마 9 : 27~31).
□ 귀신 들린 사람에게 말할 수 있는 능력을 되찾아 주심(마 9 : 32~
　34).
□ 광풍을 잔잔케 하심(눅 8 : 22~25).
□ 떡 다섯 개와 물고기 둘로 오천 명 이상을 먹이심(눅 9 : 10~17).
□ 물 위로 걸으심(요 6 : 14~21).
□ 물 위로 걷도록 베드로에게 능력을 부여하심(마 14 : 25~33).
□ 가나안 여자의 딸로부터 귀신을 쫓아내심(마 15 : 21~28).
□ 어눌한 벙어리를 고치심(막 7 : 31~37).
□ 데가볼리에서 떡 일곱 개와 약간의 물고기로 사천 명 이상을 먹이심
　(마 15 : 29~38).
□ 벳새다에서 소경을 고치심(막 8 : 22~26).
□ 귀신들린 한 아이를 해방시키심(눅 9 : 37~43).
□ 물고기 입에서 동전을 꺼내심(마 17 : 24~27).

　니고데모의 말이 옳다. 보통 사람은 예수님이 행하신 이적들을 행할 수가 없다. 그분은 하나님으로부터 오신 선생이 분명하시며, 아니 오히려 그 이상이실 것이다.

반대 (Opposition) 의 O

예수님의 공생애가 절정을 향해 나아가자 유대 지도자들의 반대도 거세어져, 그들은 사람들을 보내 그분의 능력에 대해 알아 보게 했다. 그들은 하나님의 아들께서 가르치시는 진리를 받아들이기는 커녕 오히려 그분을 죽이기로 결의했다.

바리새인들은 예수님의 능력이 사단으로부터 왔다고 말하여, 자신들을 비난했던 그분을 멸망시킬 핑계를 삼기로 결정했다. 하나님의 아들의 거룩한 능력을 사단으로부터의 불경건한 능력으로 여기는 것은 용서받지 못할 죄 또는 성령 모독죄로 불리운다. 마태복음 12장 22~37절의 기사를 읽어 보라.

유대 지도자들에게 남은 일이란 예수님을 공식적으로 고소하여 그를 정죄하고 사형시킬 적절한 때와 장소를 찾는 것뿐이었다.

예수님의 몇몇 신랄한 언사는 바리새인들을 향한 것들이었다. 그들은 영적으로 보지 못하는 자들을 무모하게 인도하는 데 그들의 영향력을 사용했기 때문에 예수께서는 그들을 독사, 위선자, 회칠한 무덤이라고 부르셨다.

믿지 않는 세대에게는 오직 하나의 표적이 더 있을 뿐이라고 예수님은 말씀하셨다.

"요나가 밤낮 사흘을 큰 물고기 뱃 속에 있었던 것같이 인자도 밤낮 사흘을 땅 속에 있으리라"(마 12 : 40).

비유들 (Parables) 의 P

비유는 믿음으로써 그것을 받아들일 자들에게는 진리를 공개하고, 거절하는 자들(바리새인과 같은 자들)에게는 진리를 감추는 예수님의 방법이었다.

이것은 성경에 일관되어 있는 기본 원리이다. 빛이 들어오는 것을 허락하면 더 밝아지고 빛을 거부하면 더 어두워지는 것이다. 제자들은 무리가 알아채지 못한 몇몇 비유들에 대해 사적으로 설명을 듣기도 했다. 이 적들과 마찬가지로 위대한 교사의 이 비유들도 대개가 갈릴리 — 가버나움 지역에서 주어졌다.

복음서들에는 최소한 55가지 비유가 기록되어 있다. 선택의 시대 때 주어진 비유들 중에서 몇 가지를(순서대로 들면) 다음과 같다.

□ 씨뿌리는 자와 씨(눅 8 : 4∼15).
똑같은 씨가 길가, 바위 위, 가시 떨기 속, 좋은 땅이라는 네 가지 다른 장소에 떨어졌다. 소출은 "땅"이 결정한다. 우리의 마음은 하나님의 말씀이라는 씨가 자랄 수 있는 바른 마음이어야 한다.

□ 등경 위의 등불(눅 8 : 16∼18).
물리적으로나 영적으로나 등불은 빛이 나야 하고 사람의 눈에 보여야 한다.

□ 스스로 자라는 씨(막 4 : 26∼29).
하나님의 말씀은 살아서, 하나님의 뜻을 우리 가운데서 성취한다.

□ 알곡과 가라지(마 13 : 24∼30, 36∼43).
사단의 자녀가 "풀무 불"에 던져지는 심판 날까지 하나님의 자녀와 사단의 자녀는 교회에 함께 있을 것이다.

□ 겨자씨(마 13 : 31∼32).
그리스도의 나라는 세상에서 놀랍게 성장할 것이다.

□ 가루 속의 누룩(마 13 : 33∼35).
이는 그리스도의 교훈이 누룩이 퍼지듯 급속히 영향을 미칠 것을 뜻한다.

□감추인 보화(마 13 : 44).
그리스도와 그분의 축복은 세상의 부요와 비할 때 값을 따질 수 없을 만큼 고귀하다.

□값비싼 진주(마 13 : 45~46).
어떤 대가나 희생을 치루고서라도 그리스도와 그분의 뜻을 찾으라.

□그물(마 13 : 47~50).
모든 종류의 인간이 하나님의 심판이라는 그물로 모여든다.

□새 것과 옛 것을 내어오는 집주인(마 13 : 51~53).
예수께서는 옛 언약을 취소하시는 것이 아니라 성취하시며 그것에 새로운 교훈의 요소를 더하신다.

□잃어버린 양(마 18 : 12~14).
선한 목자는 하나라도 잃기를 원치 아니하시므로 길 잃은 양을 찾으신다.

□많은 빚을 탕감 받은 자(마 18 : 23~35).
우리는 용서받기 위해 용서해야 한다.

질문(Question) 의 Q

가이사랴 빌립보에서 예수님은 자신의 신분에 대한 최신 여론 조사의 결과를 물으셨다(눅 9 : 18~21). 제자들의 대답은 '사십 팔 퍼센트는 세례(침례) 요한이라고 생각하고, 삼십 이 퍼센트는 엘리야라고 생각하고, 십 퍼센트는 다른 어떤 선지자라고 생각합니다. 십 퍼센트는 유동적입니다'라는 식이었다.
그때 예수님은 제자들에게 "너희는 나를 누구라 하느냐"고 물으셨다. 베드로는 "주는 그리스도시요 살아계신 하나님의 아들이시니이다"(마 16

: 16)고 올바른 대답을 했다.

예수께서는 자신을 온전한 신성을 지니신 약속된 메시야시라고 고백한 베드로를 칭찬하셨다. 예수님은 그러한 깨우침이 우연히 이루어진 것도 아니고 사람에게 배워서 안 것도 아님을 알고 계셨다. 하나님이 베드로의 영적 시야를 열어 주신 것이다.

당신도 언젠가는 예수 그리스도의 신분을 파악해야 한다. 좋은 교사는 거짓말을 하지 않는다는 이유로, 그분을 단지 훌륭한 도덕 교사로 보는 입장은 채택될 수 없다. 예수께서는 자신이 하나님이라고 주장하셨다. 만일 그분이 단지 좋은 교사이실 뿐이고, 하나님이 아니시라면, 그분은 거짓말장이시거나 미치광이이심에 틀림없다. 논리적 선택으로서 유일한 것은 예수님 자신이 주장하신 대로 그분이 하나님이라고 믿는 것이다. 즉, 하나님이 세상의 죄를 위해 죽으시려고 육신을 입고 오셨음을 믿는 것이다. 그분이 하나님이시라면, 그분은 우리의 구주이실 뿐만 아니라 삶의 주가 되시기에도 합당하다.

계시 (Revelation) 의 R

베드로, 야고보, 요한은 예수님이 하늘로부터 오셨음을 더욱 확신할 수 있는 기회를 가졌다. 산 꼭대기(아마 가이사랴 빌립보 북방의 헬몬산이 었을 것임)에서 예수님은 그들 앞에서 변형되셨다.
"기도하실 때에 용모가 변화되고 그 옷이 희어져 광채가 나더라"(눅 9 : 29).
예수님이 하늘의 위엄을 버리고 땅의 고역을 취하셨을 때 가려졌던 그 영광이 눈을 크게 뜬 세 제자들에게 조금이나마 보여졌던 것이다.

그 산상에서 예수께서는 제자들이 엿듣는 가운데 모세와 엘리야로 더불어 이야기도 하셨다. 이야기의 주제는 예수님의 별세, 곧 하늘로 돌아가시기 전의 임박한 죽음과 부활이었다.
하나님께서 우리에게 주시는 빛에 충실하다면 우리는 더 많은 빛을 받게 된다는 것을 제자들은 다시 한번 보여준다. 예수님은 작은 것에 충실한 자가 더 많은 것을 다스리게 될 것이라고 약속하셨다. 이 원리는 물질적 소유 문제뿐만 아니라 영적 통찰력의 문제에도 적용된다. 오늘 그리스도께 당신은 얼마나 충실함을 보이고 있는지 스스로 질문해 보라.

6
모범 교사

학습 시대 (**누가복음** 10 : 1 – 19 : 28)

"구인 광고 : 범세계적 모험을 위해 모든 것을 버리고 죽음을 무릅쓰고자 하는 사람을 구함. 독신 우대. 특별한 기술 필요 없음. 현장 훈련이 실시됨. 즉시 배치함.
특전 : 세상을 변화시키는 일에 참여한다는 보람을 느낄 수 있음.
문의 바람 — 담당자 개별 면담 실시중임."
당신의 학교 신문이나 옛 『예루살렘 저널』(Jerusalem Journal) 지에서 그런 구인 광고를 보았다고 상상해 보라. 어떤 반응이 나타났을까?

　열 두 사람이 주님의 손에 의해 직접 뽑혔다. 그 명예로운 자리를 구한 다른 사람은 적어도 58명은 되었다. 계획의 제3차 연도에 들어섰을 때, 주님의 별세가 가까와짐에 따라 그들의 훈련은 점점 더 강도가 높아졌다.

가버나움에서 유대 지도자들에게 정죄 당하시고 예루살렘에서 십자가
형을 당하시기까지는 약 육 개월의 간격이 있는데 그 동안 예수님은 제자
들을 집중적으로 훈련시키셨다. 그들의 훈육기와 실습기를 살펴보기로
한다.

학교 (School) 의 §

예수님과 제자들이 연례 행사인 유월절에 참석하고자 예루살렘에 갔을
때, 그분은 장안의 화제가 되셨다(요 7 : 11~52). 유대 지도층은 가버
나움에서 그분의 능력이 사단으로부터 온다고 단정한 이후 예수님을 정
죄받은 죄인으로 보아 왔다. 그들은 이제 그분을 체포하여 처형할 기회
를 잡은 것이다.
　바리새인들은 간음하다 현장에서 잡힌 여인에 대한 평결을 요구함으로
써, 모세의 율법을 변개시킨다는 구실로 예수님을 함정에 몰아넣으려고
했다. 율법의 요구대로 그녀는 돌로 맞아 죽어야 하는가?
"너희 중에 죄 없는 자가 먼저 돌로 치라"(요 8 : 7)는 예수님의 대답은
그분이 인간 본성을 얼마나 철저히 이해하고 계셨는지를 다시 한번 보여
주었다. 무리가 다 사라졌을 때, 예수님은 그녀에게 새롭게 삶을 시작하
고 다시는 죄를 범치 말라고 말씀하셨다.

　나중에 예수님은 다시 죄악된 바리새인들과 맞부딪히셨다. 그들은 화
가 나서 그분을 돌로 쳐서 죽이려고 했다(요 8 : 21~59). 그러나 아직
예수님의 때가 되지 않았기에 예수님은 원수들을 지나가셨다.
　예수께서(및 우리)는 하나님이 정하신 시간이 될 때까지 결코 죽으실
수 없었다. 사단은 십자가형 이전에 예수님을 죽이려고 했지만, 아버지
께서는 결정적인 때에 온 인류를 위해 죽으실 수 있을 때까지 그분을 지
키셨다.

1. 간음하다 잡힌 여자를 풀어 주심.
2. 바리새인들이 돌로 예수님을 치려 함.
3. 날 때부터 소경된 자를 고치심.
4. 선한 목자임을 주장하심.
5. 칠십 인이 둘씩 짝지어 유대 전역에 파송됨.
6. 선한 사마리아인의 비유를 말씀하심.
7. 고창병자를 고치심.
8. 죽은 나사로를 살리심.
9. 성전에서 다시 상인들을 몰아내심.
10. 재림의 징조에 대해 말씀하심.

막간에 생긴 일들

바리새인들이 두번째로 예수님을 돌로 치려고 하기까지 많은 사건들이 발생했다.

세상의 빛이시라는 자신의 주장을 뒷받침하기 위해(요 8 : 12 : 20), 그분은 날 때부터 소경이었던 사람의 눈을 뜨게 하셨다(요 9 : 1∼41). 한 예언적인 비유에서, 예수님은 자기 양들을 알고 사랑하여 그들을 위해 목숨을 버리는 선한 목자이심을 주장하셨다(요 10 : 1∼21). 유대 전역에 걸쳐 칠십 인의 제자들이 둘씩 짝을 지어 전도하고 병을 고치는 동안(눅 10 : 1∼24), 예수님은 선한 사마리아인의 비유로 '누가 나의 이웃인가?'라는 질문에 대답하셨다(눅 10 : 25∼37).

다음과 같은 일련의 비유들이 제자들을 더욱더 훈련시켰다.
□ 한 부자가 곳간을 더 크게 지었다가 갑자기 죽었다(눅 12 : 15∼21). 땅에 있는 것들을 의지하는 것은 얼마나 큰 잘못인가. 사람의 목숨은 그가 갖고 있는 것들로 이루어지지 않는다. 우리가 갖고 있거나 입고 있는 것은 내적으로 우리가 어떠한 사람인가의 문제만큼은 중요하지 않다.

□ 종들은 주인이 돌아올 것을 늘 대비해야 한다. 충성과 지혜는 책임을 맡은 자들에게 요구되는 두 가지 중요한 덕목이다(눅 12 : 35∼38).

□ 그리스도가 안식일에 등 굽은 여자를 고치신 것(눅 13 : 10∼21)이 유대 지도자들로 하여금 다시 그분을 돌로 치고자 하는 마음을 품게 했다(요 10 : 22∼39). 원수들은 자신이 하나님이시라는 예수님의 주장을 이해했는가? 그렇다, 그렇기에 그들은 예수님을 죽이려고 했던 것이다.

충성에 초점을 맞춤

예수님은 승리의 입성 전 약 삼 개월 반 동안 베레아에서 제자 훈련에 집중하셨다(요 10 : 40~42). 이 베레아 체류기에는 한 고창병자를 고친 이적만 기록되어 있다(눅 14 : 1~4).

예수님의 제자들은 거듭났다고 주장하는 자들이 다 거듭난 것이 아니며 제자의 첫째 조건은 진실로 그리스도인이 되는 것임을 그분께 배웠다(눅 13 : 22~35). 제자는 예수님을 따르는 대가를 계산해야 하며 충성스러운 자가 되어야 한다(눅 14 : 25~35). 주인은 작은 일에서의 충성 여부를 보아 그 종에게 얼마나 많은 책임을 부여할 것인지를 결정한다. 돈을 지혜롭게 사용하지 못하면 하나님이 어떻게 그 사람에게 신령한 일들을 맡기실 수 있겠는가?(눅 16 : 1~2을 보라) 부자와 나사로의 비유는 충성된 자에게 어떤 보상이 주어지는지 가르쳐 준다(눅 16 : 19~31).

예수께서는 제자가 선생보다 낮지 않다고 가르치셨다. 종의 역할은 감사의 말 듣기를 기다리지 않고 자기에게 기대되는 바를 충실히 행하는 것이다(무익한 종의 비유, 눅 17 : 7~10).

만일 성경을 믿지 않으면 죽은 자 가운데 살아난 사람도 믿지 않는 것이라고 예수께서는 말씀하셨다. 이는 그분의 친구인 나사로의 부활에서 곧 예시될 사실이었다.

무덤 (Tomb) 의 **T**

십자가형이 있기 바로 전 주에 예수님은 예루살렘 근교의 베다니에 초청을 받으셨다. 그분의 좋은 친구인 나사로가 죽어가고 있었기 때문이다. 예수님은 하나님의 능하신 일이 무덤에서 이루어지도록, 나사로가 병들었다는 소식을 들으시고도 잠시 지체하셨다. 예수님 자신을 제외한 모든 사람이 다 놀라와 하는 가운데 예수님의 명령에 따라 나사로는 무덤에서 걸어나왔다(요 11장).

요한은 어느 날엔가는 모든 사람들이 하나님 아들의 음성을 듣고 다시 살아나 영원히 살 것을 우리에게 확신시킨다(요 5 : 24~29). 다른 이들은 영원한 정죄를 받을 것이다. 예수님은 모든 이들의 몸을 일으키실 것이며, 모든 이들의 심판주가 되실 것이다. 나사로는 그렇게 불러 일으켜 질 사람 중의 첫번째 인물이었을 뿐이다.

성경을 이미 믿고 있었던 많은 이들이 나사로의 일을 인해 예수님도 믿게 되었지만, 불신하는 바리새인들과 유대 제사장들은 어떻게 그리스 도를 죽일까를 모의했다. 그들은 나사로가 결코 부인할 수 없는, 걸어다 니는 이적이었기 때문에 나사로까지도 죽이려고 했다(요 12 : 9~11).
나사로를 일으키신 후, 예수님은 기도, 봉사, 우선 순위를 두어야 할 일에 대한 가르침뿐만 아니라 신유(神癒) 사역도 계속하셨다. 그분은 또 다시 자기의 죽음을 예언하셨다.

그들이 들었던 모든 사실들에도 불구하고, 야고보와 요한은 메시야 왕 국에서의 요직(要職)을 요청했다. 그들은 자기 어머니로 하여금 그들을 위해 좋은 말을 해 주도록 요청하기까지 했다. 예수님은 선수를 빼앗기 고 극도로 분노한 다른 열 제자들을 진정시키셔야만 했다(마 20 : 17~ 28). 예수님은 그들(및 우리)에게 말씀하셨다.
"너희 중에 누구든지 크고자 하는 자는 너희를 섬기는 자가 되고 너희 중 에 누구든지 으뜸이 되고자 하는 자는 너희 종이 되어야 하리라 인자가 온 것은 섬김을 받으려 함이 아니라 도리어 섬기려 하고 자기 목숨을 많 은 사람의 대속물로 주려 함이니라"(마 20 : 26~28).

뒤엎음 (Upset) 의 **U**

예수께서 성전의 이방인 뜰에서 환전상들을 쫓아내신 이래로 약 3년이 흘렀다. 이제 다시 한번 그 일이 되풀이되어야 했다. 바리새인들이 자기 아버지의 집을 기도하는 집이 아닌 강도의 굴혈로 만들었기 때문에 예수 님은 다시 상을 엎으셨다(눅 19 : 45~48). 옆 페이지에서 성전 배치도 를 보라.
유대 지도자들은 그분으로 하여금 백성이나 로마 당국의 비위를 거슬 릴 말을 하게 만들려고 애쓰면서 계속하여 예수님의 권위에 도전했다.

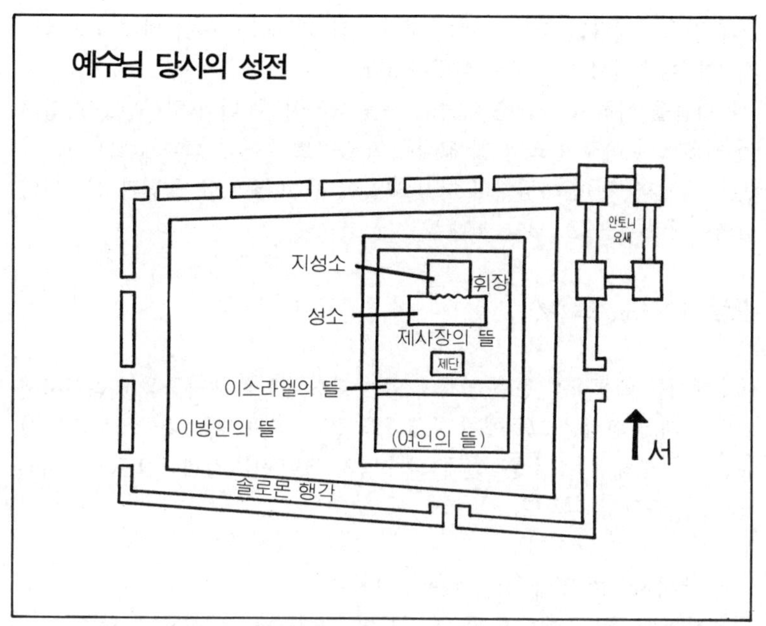

자신의 권위가 어디서부터 오는가에 대해 질문을 받으셨을 때, 그분은 어느 쪽으로도 대답하기가 곤란한, 더 어려운 질문으로 반격하셨다(눅 20 : 1~26).

   예수께서는 공적 가르침에서 계속하여 비유를 사용하셨다.
□아버지의 포도원에 파송된 두 아들(마 21 : 28~32).
바른 행동이란 바른 말과 좋은 얼굴 그 이상을 뜻한다.
□주인의 아들을 죽인 포도원 농부들(마 21 : 33~46).
예수님을 거절하는 것은 곧 하나님을 거절하는 것이다.
□자기 아들을 위한 왕의 혼인 잔치(마 22 : 1~14).
가난한 자나 비천한 자도 환영을 받지만, 잔치에 오는 손님들은 예복을 입어야만 문을 통과할 수 있다. 아버지는 값없이(우리에게) 죄사함을 약속하시지만, 죄인들은 먼저 그 초청에 응해야 한다.

하나님의 계명들 중에서 어느 것이 첫째 가느냐고 묻는 바리새인 율법
사에게 예수께서는 이렇게 대답하셨다.
"네 마음을 다하고 목숨을 다하고 뜻을 다하여 주 너의 하나님을 사랑하
라 하셨으니 이것이 크고 첫째 되는 계명이요 둘째는 그와 같으니 네 이
웃을 네 몸과 같이 사랑하라 하셨으니 이 두 계명이 온 율법과 선지자의
강령이니라"(마 22 : 34~40).

환상 (Vision) 의 **V**

예수께서는 예루살렘 동편 외곽에 있는 감람원으로 제자들을 데려가셔서
종말에 대한 환상을 그들에게 주셨다(눅 21:5~36/마 24~25장). 이 설
교는 그 행해진 장소를 인해 예수님의 "감람산 강화"(Olivet Dis-
course) 라고 불리운다.

이 멧세지에는 일곱 가지 비유가 나온다.
☐잎사귀를 낸 무화과 나무는 여름이 가까움을 뜻한다(마 24 : 32~
33). 때의 징조는 예수께서 돌아오실 것 (return) 이 가까움을 알리는 것
이다.
☐임무를 맡은 문지기와 같이 신자들은 그리스도의 강림을 주의해야 한
다(막 13 : 34~37).
☐자기 집에 언제 도적이 올 줄을 몰라 항상 경계하는 집주인처럼, 그리
스도인들은 늘 그리스도의 강림을 준비해야 한다(마 24 : 43).
☐충성되고 지혜있는 종은 주인이 돌아올 때 적절한 보상을 받게 될 것
이다(마 24 : 43~51).
☐혼인 잔치에서의 열 처녀는 신랑을 맞을 준비를 하고 있는 것과 하고
있지 않은 것의 결과를 보여 준다(마 25 : 1~13).
☐그리스도께서 돌아오셔서 이익을 배당하시기까지 투자하도록, 재능이
모든 사람들에게 주어졌다(마 25 : 14~30).
☐염소 무리에서 양을 구별해 내듯, 예수께서는 "거듭난 것처럼 보이는
자들"로부터 자기 백성을 구별해 내실 것이다. 사람들에게 주목을 받지

못한다 하더라도 우리가 다른 사람들을 위해 하는 선행은 모두 사실상 그리스도를 위해 하는 것이며 어느 날엔가는 그분의 보상이 있을 것이다 (마 25 : 31~46).

예수께서는 예루살렘과 성전의 멸망을 포함한 큰 환난이 어느 날 세상에 임하리라고 말씀하셨다. 그때까지 세상에는 주님의 참 제자들이 남아 그분의 증인들이 될 것이며 그분의 선한 일들을 할 것이다.

7
최암흑기

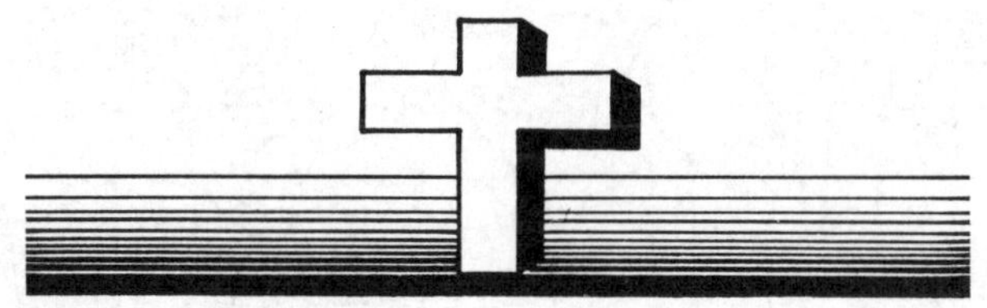

십자가 시대（**누가복음** 19 : 24 − 24 : 53 / **사도행전** 1장）

지상 생애 중에 예수님은 세상에서 가장 놀라운 가르침을 우리에게 주셨고 또 가장 완전한 본을 보이셨다. 그러나 하나님의 구원 계획을 완성하면서 그분이 하신 모든 말씀과 행동을 확정한 것은 그분의 죽음과 부활이었다.

십자가 시대는 예수님이 배반을 당하는 것으로부터 하늘에 오르시기까지 그 결정적 사건들에 초점을 맞추고 있다. 뒷 페이지의 그림에서 당신은 부활 전에 일어났던 이 수많은 사건들이 어떤 사건들인지 몇 가지나 알아볼 수 있는가?

십자가 시대 사건들 (번호순)

1. 유다가 예수님을 배반하려고 제사장들과 만남
2. 제자들의 발을 씻기심
3. 제자들과 최후의 만찬을 가지심
4. 겟세마네 동산에서 기도하심
5. 체포되어 밤새도록 심문당하심
6. 로마 군병들이 예수님을 조롱하고 때림
7. 두 강도와 함께 십자가에 못박히심
8. 흑암이 땅을 덮음
9. 성전 휘장이 둘로 갈라짐
10. 군병들이 예수님의 무덤을 인봉함

씻기심 (Washing) 의 **W**

배반을 당하시기 전 목요일 밤, 예수님과 제자들은 유월절을 지내기 위
해 예루살렘의 한 다락방에 모였다(눅 22 : 7~13). 수종을 드는 종은
없었지만, 입구에는 수건과 물대야가 놓여 있었다. 사람들은 먼지가 많
은 길을 샌달을 신고 다닌 탓에 식사를 하기 위해 식탁에 둘러앉기 전,
반드시 발을 씻어야 했다. 제자들은 각기 자기 자신이나 다른 사람들의
발을 씻기 위해 종의 역할을 하는 것이 그리 중요하다는 생각을 하지 못
했다.

나중된 자가 처음된 자가 되리라고 예수께서 말씀하셨음에도 불구하고
제자들은 그리스도의 나라에서 가장 큰 자가 누구냐고 언쟁을 벌였다(눅
22 : 14~30). 제자들의 이 이기심에 대하여 예수께서는 가장 큰 자가
되려는 자는 모든 자를 섬겨야 한다고 가르치셨다.

수건과 대야를 취하신 예수께서는 베드로의 반대에도 불구하고 제자들
의 발을 씻기심으로써 섬기는 종의 본을 보이셨다(요 13 : 1~20). 이는
이제 그 다음 날이 되면 친구들을 위해 자신의 목숨을 버리심으로써 예
수께서 확신시키실 종의 역할에 대한 한 작은 예시라고 할 수 있다.

하나님이 과연 당신을 사랑하시는지 알고 싶거든 교회의 한 기념 예배
에 참석해 보라(성찬, 성례전, 주의 만찬, 주의 상 등 여러 가지 이름으
로 불리우는). 잠시 후면 십자가에서 찢어질 자기의 몸과, 흘려질 자기
의 피를 생생하게 기억할 수 있도록 예수님은 두 가지 재료를 사용하셨
다(눅 22 : 17~20). 떡과 포도주는 오늘날 우리까지도 하나님의 불멸의
사랑을 기억하게 해준다.

주님을 배반하기 위해 유다가 식사 중 떠나자, 예수님은 열 한 제자에
게 경고하셨다(요 13 : 30~38). 베드로는 결코 주님을 부인하지 않겠다
고 열렬히 맹세했다. 그럼에도 불구하고 바로 그날 밤 베드로는 그리스
도를 알지조차 못한다고 세 번씩이나 부인했다. 그리고 위험에 직면하자
예수님의 나머지 친구들도 다 도망쳤다. 예수께서 겟세마네 동산에서 고

민하며 기도하시는 동안에도, 제자들은 그분과 함께 기도하고 군인들을
살피기 위해 잠시 동안조차도 깨어 있지 못했다(눅 22 : 39~46). 예수
님은 홀로 임박한 고난과 죽음에 직면하셨다.
"내 아버지여 만일 내가 마시지 않고는 이 잔이 내게서 지나갈 수 없거든
아버지의 원대로 되기를 원하나이다"(마 26 : 42)고 그분은 기도하셨다.

처형 (eXecution) 의 X

제자들이 두려워하여 도망치는 가운데, 예수님은 체포되어 밤새도록 다
섯 차례 심문을 받으셨다.

☐ 전 대제사장이요 가야바의 장인 안나스(요 18 : 12~14, 19~23).
옆 페이지의 예루살렘 지도에서 예수님의 행적을 살펴보라.
☐ (현 대제사장) 가야바와 공회(요 22 : 54/63~65).
거짓 증거들은 일치할 수 없었지만, 맹세로써 예수님이 하나님의 아들
그리스도이심이 인정되었다(마 26 : 59~68). 날이 밝자마자 공회는 신
성모독죄로 그리스도를 공식적으로 정죄했다(눅 22 : 66~71).
☐ 로마 총독 빌라도(눅 23 : 1~5).
유대 법정이 할 수 있는 일은 로마인에게 사형을 추천하는 것뿐이었다.
그리스도께서는 자신이 유대인의 왕이심을 인정했지만, 빌라도는 그리
스도에게서 아무런 잘못도 찾지 못했다.
☐ 유대의 왕이요 빌라도의 정적(政敵)인 헤롯 안디바스(눅 23 : 6~
12).
헤롯과 그의 군대는 그리스도를 실컷 조롱한 후 빌라도에게 최종적으로
인도했다.
☐ 빌라도는 그리스도에게서 아무런 잘못도 찾을 수 없음을 다시 확인한
다(눅 23 : 13~25).

로마 군병들에게 희롱을 당하신 후, 예수님은 금요일 오전 9시가 되기
전 갈보리를 향해 가셨다(눅 23 : 26~33). 그분은 두 강도 사이의 십자

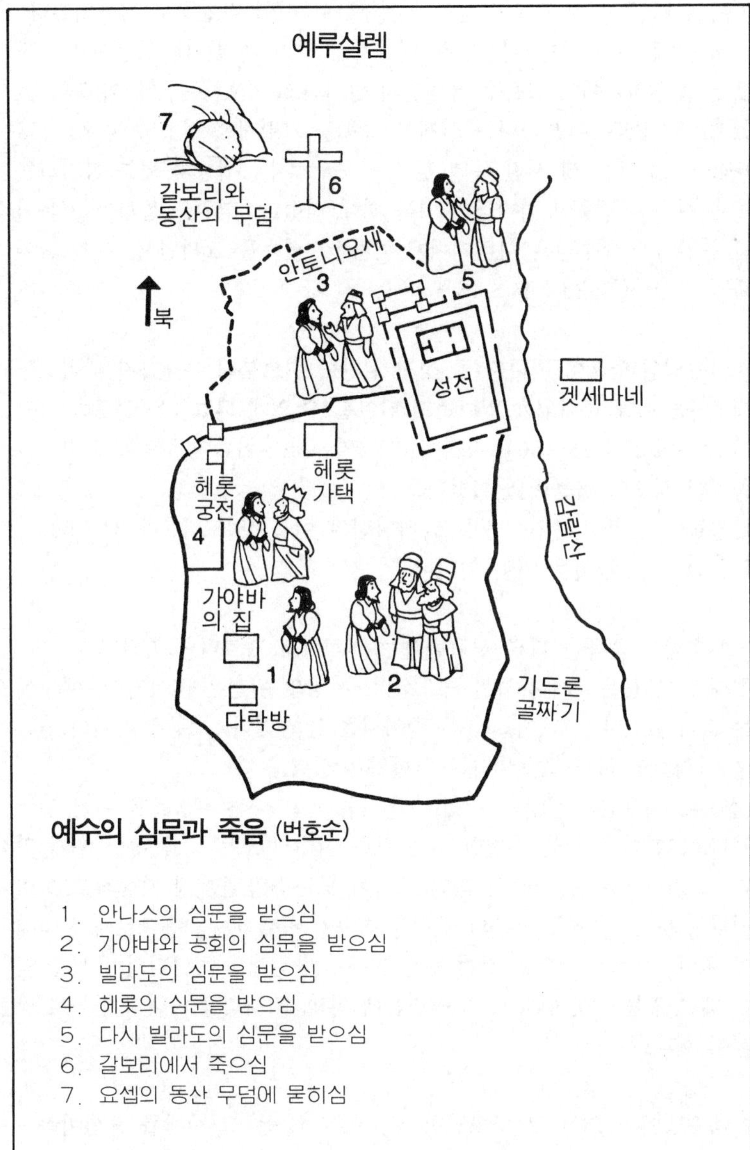

예수의 심문과 죽음 (번호순)

1. 안나스의 심문을 받으심
2. 가야바와 공회의 심문을 받으심
3. 빌라도의 심문을 받으심
4. 헤롯의 심문을 받으심
5. 다시 빌라도의 심문을 받으심
6. 갈보리에서 죽으심
7. 요셉의 동산 무덤에 묻히심

가에 달리신 채 보통 죄수들처럼 예루살렘 성벽 바깥에서 처형되셨다.
처음 세 시간 동안 예수님은 십자가에 달려 계셨는데(오전 9시 — 정오), 그 십자가에는 그분을 유대인의 왕이라고 선포하는 팻말이 붙어 있었고, 두 강도 중의 하나는 실제로 그분을 그렇게 인정했다(눅 23 : 33 ~43). 그 다음 세 시간 동안(정오 — 오후 3시), 세상의 죄를 상징하는 칠흑 같은 어두움이 하나님의 아들 위에 임했다. 영원을 통하여 처음이자 유일하게 예수님은 아버지에게 버림받으셨음을 느끼면서, 우리를 위해 죽으셨다(눅 23 : 44~46).

예수님의 영혼이 떠나자 곧 성전 휘장이 위로부터 아래까지 찢어졌는데, 이는 이제 하나님께 얼마든지 나아갈 수 있게 되었음을 선포하는 것이었다(마 27 : 51~56). 지진이 그 지역에서 일어나며 무덤들이 열리고 죽었던 성도의 몸들이 일어났다.
군병들이 놀라서 "이는 진실로 하나님의 아들이었도다"(마 27 : 54)고 외쳤던 것은 놀라운 일이 아니다.

예수님의 죽음은 다른 사람들과는 전적으로 다르며 독특하다.
첫째로, 그분은 자원하셔서 죽으셨다. 사망의 원인은 죄이지만, 예수께는 죄가 없었다. 그래서 그분은 죽어서는 안 되었다. 그분은 자기의 영혼을 버리기로 하신 최초이자 유일한 분이셨다.
둘째로, 예수님의 죽음은 대리(代理)의, 혹은 다른 사람들을 위한 것이었다. 그분이 쏟으신 완전한 피는 모든 시대의 모든 죄를 속할 수가 있다. 그러나 이것은 그분의 피의 효력이 모든 사람들에게 자동적으로 미친다는 뜻은 아니다. 그분의 구속을 취하기 위해서는 믿음으로써 선택해야 한다. 아무리 공로를 쌓아도 혹은 아무리 선해도 하나님의 용서를 얻는 데는 충분치 못하다. 우리는 믿음에 의해, 죄사함을 하나의 선물로 받아야 한다.

예수님이 죽으신 것을 확인한 후, 로마인들은 그 시체를 요셉이라는 제자에게 넘겨주어 매장하게 했다(눅 23 : 50~54).

서기관들과 바리새인들은 제자들보다 기억력이 더 좋았던 것 같다. 그들은 삼일 만에 살아나리라고 한 예수님의 약속을 기억했기에, 그 새로운 무덤을 봉하고 지키게 했다.

그렇다! (Yes) 의 Y

그렇다(Yes), 삼일 만에 죽은 자 가운데서 살아나신 그 능하신 부활로 입증되다시피, 예수님은 하나님이시다!
부활절마다 우리는 이렇게 찬양한다.
"거기 못 가두네 예수 내 구주 우리를 살리네 예수 내 주 원수를 다 이기고 무덤에서 살아나셨네."
부활은 예수 그리스도가 하나님이시라는 데 대한 가장 큰 증거이다. 바울은 그리스도의 부활이 부인된다면, 기독교는 믿을 수 없는 것이 되고 말 것임을 깨달은 바 있다(고전 15장). 그러나 삼 일째 되는 날 새벽예수님은 죽은 자 가운데서 살아나셨고, 그것은 역사상 가장 명백한 사실들 중의 하나가 되었다.

다시 사신 그리스도는 그후 사십 일 간, 오백 여 명의 사람에게 열 번 이상(그 중 반은 첫째날)이나 나타나셨다.

□무덤 옆에서 막달라 마리아에게(요 20 : 11~18).
예수님의 시신이 없어진 것을 알고 슬퍼하고 있을 때 그분은 그녀에게 나타나 위로해 주셨다.

□예루살렘에서 다른 여자들에게(마 28 : 9~10).
부활 소식을 들었을 때, 열 한 제자들 대부분은 믿지 않았지만, 베드로와 요한은 빈 무덤으로 달려갔다. 요한이 먼저 도착했다(요 20 : 2~10).

□엠마오로 가는 두 제자들에게(눅 24 : 13~32).
그들과 함께 걷는 중에 구약을 풀어 주시고 식사를 하심으로써 예수님은 그들에게 뜨거운 마음을 남기셨다.

□ 열 한 제자들 중에서 다시 사신 그리스도를 맨 먼저 본 시몬 베드로에게(눅 24 : 33~35).
에덴에서와 마찬가지로, 베드로와 우리에 대해서도 주님은 죄악된 사람을 자신께로 돌아오게 하는 데 먼저 나서신다.

□ 도마가 없던 때에 열 제자들에게(눅 24 : 36~43).
그리스도는 자신이 유령이나 환상이 아니라는 증거로 자기 손과 발의 십자가 상처들을 그들에게 보이셨고 고기를 잡수셨다. 나중에 이를 들은 도마는 물질적 증거가 없이는 믿기를 거절했다.

□ 여드레 후 열 한 제자들, 특히 도마에게(요 20 : 26~31).
당시 거기에 계시지 아니하셨음에도 불구하고 예수님은 도마가 한 말을 아시고 도마에게 자기를 만져 보라고 하셨다. 그때 도마의 반응은 곧 우리의 반응이기도 해야 한다.
"나의 주시며 나의 하나님이시니이다."
예수님의 말씀을 들어 보라.
"너는 나를 본 고로 믿느냐 보지 못하고 믿는 자들은 복되도다"(요 20 : 29).

□ 갈릴리의 한 산에서 오백 여 신자들에게(마 28 : 16~20/고전 15 : 6).
지상 명령은 아마 이때 주어졌을 것이다.

□ 예수님의 동생 야고보, 그리고 모든 사도들에게(고전 15 : 7).

□ 예루살렘, 유대, 사마리아, 땅끝까지 자기의 증인이 될 것을 명령하시면서 승천하실 때 제자들에게.
그러나 이 지상 명령을 이루기 위해서는 성령의 능력을 기다려야 한다고 그분은 그들에게 가르치셨다(눅 24 : 44~53/행 1 : 3~12).

　요한복음은 예수님의 능력과 목적을 이렇게 기술하고 있다.
"예수께서 제자들 앞에서 이 책에 기록되지 아니한 다른 표적도 많이 행하셨으나 오직 이것을 기록함은 너희로 예수께서 하나님의 아들 그리스도이심을 믿게 하려 함이요 또 너희로 믿고 그 이름을 힘입어 생명을 얻게 하려 함이니라"(요 20 : 30~31).

시온 (Zion) 의 Z

시온은 시온산에 세워진 예루살렘의 다른 한 이름이다. 예루살렘 성벽 동쪽의 감람산에서 승천하실때, 그분은 제자들이 본, 가신 모습 그대로

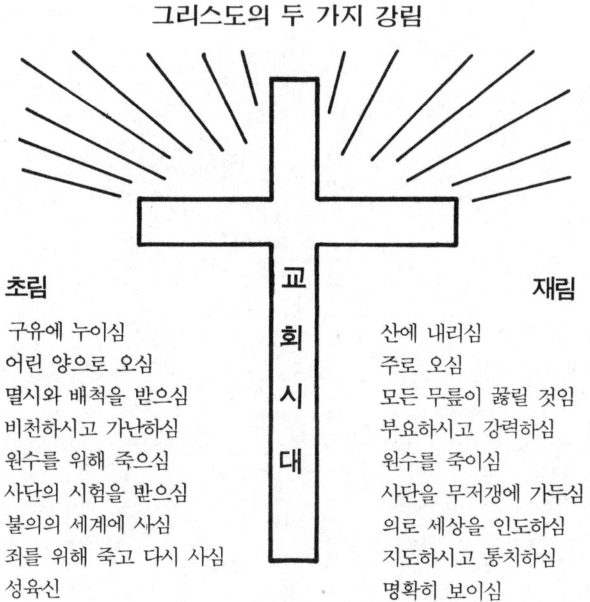

다시 오실 것임을 약속하셨다.

다시 돌아오실 때, 그분은 자기 사람을 영접하실 것이며 지상을 통치하실 그분의 권세에 대항하는 모든 것을 굴복시키실 것이다. 지금 그분을 구주로 아는 우리는 그분의 나라에서 그분과 함께 다스릴 것이다.

신약성경은 그리스도의 초림으로 시작되어 재림으로 끝난다. 앞 페이지에서 초림과 재림을 대조해 보라. 구약 선지자들은 "그분이 오신다!"고 선언했고, 신약 선지자들은 "그분이 다시 오신다!"고 선언했다.

8
새로운 공동체

교회 시대 (사도행전 2-12장)

무엇이 한 친구를 특별한 친구로 만드는가? 그 사람이 당신을 자주 부르기 때문인가? 당신을 도와주기 때문인가? 좋은 선물을 주기 때문인가?

데오빌로("하나님을 사랑하는 자"라는 뜻의 이름을 가진 젊은이)는 그리스도의 생애와 교회에 대해 두 가지 기록을 남긴 의사 누가를 특별한 친구로 갖고 있었다. 의사 누가는 데오빌로를 위해 52장, 2,158절이나 되는 말씀을 연구 기록할 만큼 좋은 친구였다!

개인적으로 친한 사람 사이의 편지들같이 보내진 그 기록들은 너무나 훌륭하여, 나중에 누가복음과 사도행전이란 이름으로 출간되어 널리 읽혀졌다.

역사

신약성경의 첫 다섯 권은 역사서이다. 사복음서는 그리스도의 생애를, 사도행전은 교회의 초기 역사를 우리에게 보여 준다. 그리스도의 지상 사역 중에 훈련된 사도들은 그분의 천국 사역 중에는 교회 지도자와 대표자들이 되었다. 사도들("보내심을 받은 자들"을 의미함)은 성령의 능력으로 세계를 복음화하기 위해 나아갔다.

복음서와 사도행전 모두 약 삼십 년 간의 일을 다룬다는 것은 흥미롭다. 복음서에서 구원이 그리스도에 의해 성취되고, 사도행전에서 그것은 교회에 의해 공포된다.

사복음서에 나타나는 그리스도의 지상 생애를 우리는 목수, 주장, 선택, 학습, 십자가라는 다섯 단어를 사용하여 요약했다. 신약성경의 다섯번째 책인 사도행전도 다음의 다섯 시대를 다룬다.

☐ 교회 시대 — 예루살렘에 최초의 교회 설립과 팔레스틴 및 수리아로의 확장(2~12장)

☐ 일차 순회 시대 — 갈라디아에서의 바울의 첫번째 전도 여행(13~15장)

☐ 이차 순회 시대 — 헬라에서의 바울의 두번째 전도 여행(16~18장)

☐ 삼차 순회 시대 — 아시아에서의 바울의 세번째 전도 여행(19~21장)

☐ 감금 시대 — 팔레스틴과 로마에서의 바울의 투옥(22~28장)

사도행전의 다섯 시대 중에서 뒤에서부터 네번째까지가 모두 바울에 집중되어 있음을 주목하라. 8~11장은 이들 다섯 시대 전반을 이해할 수 있게 해준다(10장에서는 이차 순회와 삼차 순회가 겹친다).

옆 페이지에서 교회시대(2~12장)에 대한 당신의 지식을 점검해 보라. 설명을 보기 전에 스스로 얼마나 많은 사건들을 식별할 수 있는가를 알아 보라.

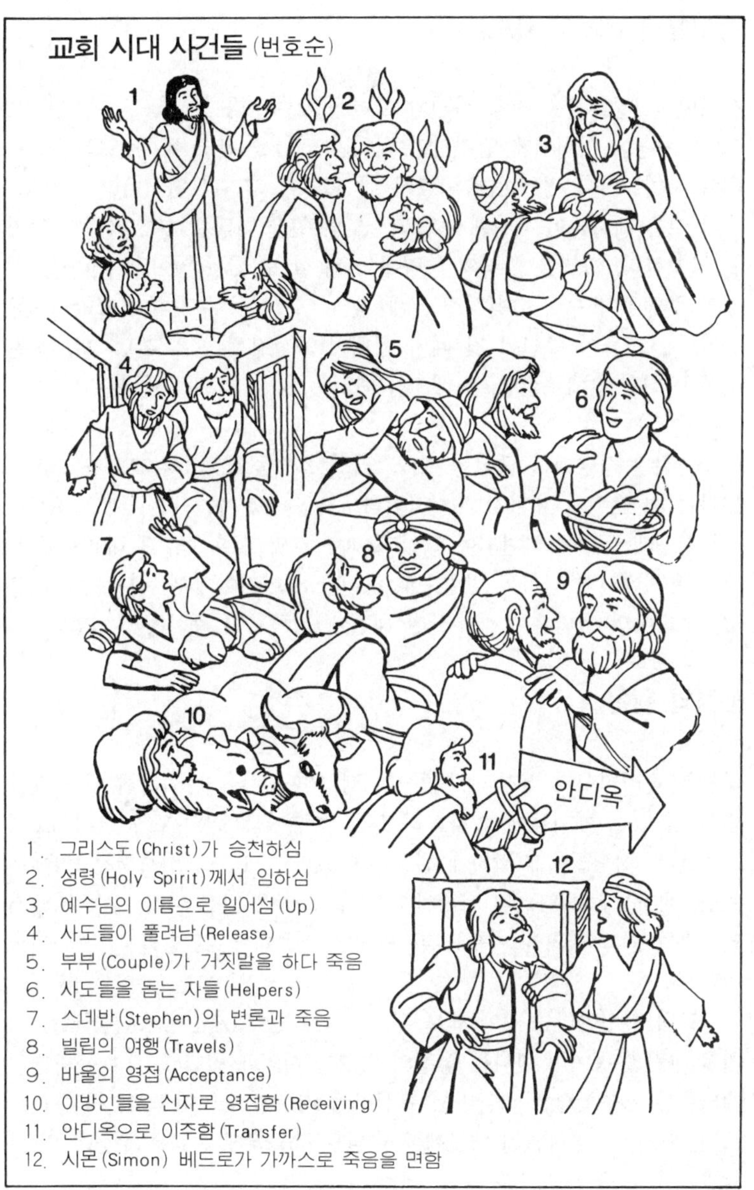

1. 그리스도 (Christ)가 승천하심
2. 성령 (Holy Spirit)께서 임하심
3. 예수님의 이름으로 일어섬 (Up)
4. 사도들이 풀려남 (Release)
5. 부부 (Couple)가 거짓말을 하다 죽음
6. 사도들을 돕는 자들 (Helpers)
7. 스데반 (Stephen)의 변론과 죽음
8. 빌립의 여행 (Travels)
9. 바울의 영접 (Acceptance)
10. 이방인들을 신자로 영접함 (Receiving)
11. 안디옥으로 이주함 (Transfer)
12. 시몬 (Simon) 베드로가 가까스로 죽음을 면함

사도행전 교회의 사도들

사도행전 1장 8절은 전체 사건의 흐름을 보여준다.
"오직 성령이 너희에게 임하시면 너희가 권능을 받고 예루살렘과 온 유대와 사마리아와 땅끝까지 이르러 내 증인이 되리라 하시니라."
　이 절은 제자들이 세상에서 그리스도의 일을 어떻게 수행할 수 있는가를 말씀한다. 그것은 성령의 능력에 의해 할 수 있는 일이었다! 사도행전의 주인공이 누구시며(성령), 제자들이 할 일이 무엇이며(그리스도를 증거함), 그들이 증인이 될 때가 언제이며(성령을 받은 후), 그들이 갈 곳이 어디인지(예루살렘, 유대, 사마리아, 땅끝)를 말씀한다.

　오순절날 성령께서 오셨을 때, 그리스도의 몸으로서의 교회가 그리스도라는 기초 위에 세워지기 시작했다. 처음에 신자들의 이 새 공동체는 예루살렘과 유대에 국한되어 있었고, 베드로와 요한이 주요 대표자였다. 그후 유대에서의 핍박이 빌립으로 하여금 사마리아에서 전도를 하게 했고, 수리아의 안디옥이 예루살렘 대신에 기독교의 중심지가 되었다.

능력의 원천

하늘로 올라가시기 직전 예수께서는 성령이 그들에게 임하실 때 능력을 받게 될 것을 제자들에게 약속하셨다. 성령이 그들을 도와 그리스도에 대해 다른 사람들에게 말하게 해줄 것이었다(행 1 : 8). 사도행전 1장에서 보면, 제자들은 하나님의 계획에 대해 알고 싶은 바를 다 알 수는 없었지만, 그들은 그 계획을 이루는 데 반드시 필요하게 될 능력을 다 가지고 있다.
　기도하며 기다리는 중에 베드로는 유다로 인해 결원이 생긴 자리를 대치할 사람을 뽑아야 한다는 성경의 명령을 기억해 냈다(1 : 14~26). 첫 제자들은 예루살렘에 머물면서 합심하여 기도하며 기다림으로써 그리스도의 명령에 순종하였기 때문에 하나님은 그들에게 능력을 주셨고 또 사람들이 따르게 해주셨다.

　오십 일 후 오순절 날 수많은 무리가 놀라운 광경을 목격하는 중에 성령께서 극적으로 제자들에게 임하셨다. 성령의 능력은 베드로로 하여금 담대한 복음의 증인이 되게 했으며 모든 제자들로 하여금 아무 훈련 없이도 방언을 말하게 했다(2 : 1~12).
유대인 청중의 복합적인 반응은 예수님의 초기 사역에 대한 반응과 비슷했다. 그들의 의문에 대답하기 위해, 베드로는 구약에 대한 지식을 기반으로, 예수님은 하나님의 유일한 구주이심을 구약 성구들을 인용하여 증명했다(2 : 14 : 36).
하늘의 보혜사가 베드로와 다른 무명의 성도들을 담대한 공적 설교자들로 바꿔놓았다. 성령께서 그들을 인도하여 복음을 당시의 세계에 전파하게 하셨다.

　그 시대 말기 교회의 중심지였던 수리아(Syria)의 S는 우리로 하여금 성령(Spirit)을 생각하게 만든다. 교회가 시작되게 하셨던 성령은 계속하여 능력을 부여하신다.
　의사 누가는 그리스도인들이 주의 말씀을 담대히 전했다고 스물 여섯 번이나 기록한다. 그 내용 중에 성령이 언급되는 부분도 상당히 많다. 여기에 하나님의 능력은 성령에 의해 그분의 사람들 안에서, 그리고 그분의 사람들을 통해 역사한다는 원칙이 있다.

　하나님은 우리에게 "술 취하지 말라 이는 방탕한 것이니 오직 성령의 충만을 받으라"(엡 5 : 18)고 명령하신다. 술취한다는 것은 외부 영향에 우리의 육체적 통제력을 굴복시킨다는 의미이다. 성령에 충만하다는 것은 성령에 의해 지배된다는 의미이다. 성령은 하나님의 백성을 위한 그분의 능력의 원천이시요, 우리는 이 능력의 원천을 사용해야 한다. 문제는 우리 그리스도인들이 성령을 더 많이 받는 것이 아니라 성령이 우리를 더 많이 지배하시게 하여 그분으로 하여금 우리를 통제하시고 우리를 통해 일하시게 하는 것이 문제이다.

첫번째 교회

오순절 날에 대한 언급이 있는 동일한 장(행 2장)에 나중에 교회라고 불리울, 신자들의 모임에 대한 최초의 언급이 있다(마태복음 16장과 18장에도 교회에 대한 언급이 있긴 하지만, 그것은 미래를 말한 것이다).

후에 바울은 유대인과 이방인의 차이를 제거한 이 새로운 그리스도의 몸에 대해 더 많은 설명을 한 바 있다(엡 2~3장). 세상에 있는 그리스도의 몸된 신자들이 아닌 건물에다가 "교회"라는 용어를 덧붙인 것은 약 300년 이후의 일이다.

약 3,000명의 새로운 개종자들이 지역 교회인 예루살렘 제일교회에 가입한 날 "보편 교회"가 시작된 것은 흥미로운 일이다. 사도행전의 나머지 부분은 로마 제국 전역에 걸쳐 새로운 교회가 개척된 일을 기록한다.

그리스도의 교회는 완전한 자들의 모임이 아니라 아직도 주님이 역사하고 계시는 용서받은 사람들의 모임이다. 각 신자가 하나님의 아들의 형상으로 변화되어, 하늘에서 안전할 때까지 그분은 일을 끝내지 않으실 것이다. 한편 지역 교회는 예배, 교육, 교제, 봉사의 장소를 제공한다(행 2 : 42~46). 신자들은 종말이 가까워질수록 모이기를 폐하지 말라는 권면을 받는다(히 10 : 25). 당신과 나는 교회를 필요로 하며, 교회는 우리를 필요로 한다

한 사람이 그리스도를 구주로 믿을 때, 그는 하나님의 자녀가 된다. 그는 고아도 아니고 독자도 아니다. 그에게는 영적인 새 형제 자매들이 있다. 교회는 하나님의 궁극적인 영광을 위해 존재하지만 그리스도인들인 우리의 성장을 위해서도 존재한다.

영적온실 내의 삶

오순절 후 교회는 주로 유대인들로 이루어져 있었고 중심은 예루살렘이었다. 성령은 사도들의 멧세지가 진리임을 보여 주기 위해 그들을 통해

이적을 행하셨다.

어느 날 사십 년 간이나 앉은뱅이였던 남자가 베드로와 요한에게 돈을 구했을 때, 그는 돈 대신에 예수 이름으로 새로운 다리를 얻었다(행 3 : 1~10). 베드로의 그림자까지도 신유의 능력을 갖고 있었다(5 : 12~15).

예수님을 죽였던 바로 그 유대 지도자들은 그분이 죽은 자 가운데서 살아나셨음을 가르친다는 이유로 이제 제자들을 핍박했다. 그러나 감옥도 전도자들을 잡아두지 못했고 그들의 열정을 약화시키지 못했다(4장, 5장). 예수로 인한 핍박은 오히려 더욱 담대한 마음을 불러일으켰다.

초대 교회의 뜨거운 영적 생활을 맛보려면 사도행전 4장 29~35절을 읽으라. 아나니아와 삽비라의 죄와 갑작스러운 죽음은 신자들로 하여금 하나님을 더욱더 경외하게 했고 그분께 거짓말을 하기 전 두 번 이상 생각하게 했다(5 : 1~11).

동역자들(나중에는 종을 의미하는 집사들로 불리웠다)을 임명함으로써 교회 지도자들은 잠재적으로 폭발성을 지닌 교회 문제를 해결하고 사도들로 하여금 기도하는 것과 전도하는 것에 전념하게 했다. 그 결과로 많은 유대인 제사장들을 포함해서 더 많은 백성이 그리스도인들이 되었다(6 : 1~7).

궁극적인 대가를 지불함

스데반은 사도들을 돕는 지도자들 중의 하나로서 믿음과 능력이 충만한 사람이었다. 그는 사람들 가운데서 큰 기사를 베풀었고, 유능한 설교자였기 때문에 공회는 거짓된 혐의로 그를 고소하려고까지 했다(7 : 8~15). 스데반은 백성을 위한 하나님의 목적을 개관하는 구약의 성경 구절을 들어 자기를 변호했다. 결론적으로 그는 유대 지도자들이 메시야를 죽였다고 주장했다. 그들은 분노해서 즉각적으로 스데반에게 사형을 선고했다.

돌에 맞아 죽는 가운데, 그는 예수께서 하나님 우편에 앉으셔서 그의

바울 생애의 장면들 (번호순)
1. 다소에서 태어남
2. 예루살렘에서 스데반의 처형에 가담함
3. 다메섹으로 가는 도중 그리스도를 만나 회심함
4. 시간을 내어 그리스도에 대해 배움
5. 광주리로 성벽을 타고 내려와 다메섹에서 피신함
6. 바나바가 그리스도인들에게 바울을 소개함
7. 안디옥이 바울의 세 차례 전도 여행의 기지가 됨
8. 바나바, 요한 마가와 함께 일차 여행 시작
9. 로마 관원이 신자가 됨
10. 일차 여행에서 돌에 맞다
11. 실라와 함께 이차 여행 시작
12. 마게도냐 사람이 환상 중에 바울을 부름
13. 유럽인으로서는 최초로 루디아가 회심함
14. 이차 여행 중 회당들에서 준비함
15. 삼차 여행 중 교회를 개척하며 삼 년 동안 머무름
16. 투옥과 시련을 견딤
17. 멜리데에서 난파당함
18. 로마가 이태 동안 바울을 연금시킴

영혼을 영광에로 영접하기 위해 기다리시는 광경을 보았다(7 : 54∼
60). 스데반은 죽어가면서 자기를 죽이는 자들이 몰라서 그러는 것이므
로 용서해 주시기를 하나님께서 기원했다. 그 기도는 오래지 않아, 옆에
서서 그 처형을 용인했던 다소의 사울이 다메섹 도상에서 회심할 때 응
답되었다(행 9장).

빌립의 사역은 사마리아의 갈급한 무리를 위해 북쪽으로, 또 병거에서
이사야서를 읽고 있던 에디오피아의 한 관원을 위해 남쪽으로 복음을 전
파했다(행 8 : 29∼39). 그리스도에 대해 전혀 들은 적이 없는 이방인을
위해 하나님이 어떻게 하시는가라는 질문을 받아본 적이 없는가? 사도
행전 8장은 누구든지 또 어디서든지 자기가 가지고 있는 빛에 대해 반응
만 한다면 더 많은 빛을 받도록 하나님이 도와주심을 보여 준다.
  교회의 최대 확장은 교회의 첫째 가는 원수였던 다소의 사울을 통해
이루어졌다. 유대인에게나 그리스도인에게나 똑같이 사울은 아마 "회심
할 가능성이 제일 없는 사람"으로 알려져 있었을 것이다. 하지만 예수님
은 다메섹 도상에서 자신의 최대의 핍박자를 극적으로 만나셨고 그를 이
방인들을 위한 최대의 전도자로 만드셨다(행 9장).

  세월이 지난 후 바울은 이렇게 기록했다.
"미쁘다 모든 사람이 받을 만한 이 말이여 그리스도 예수께서 죄인을 구
원하시려고 세상에 임하셨다 하였도다 죄인 중에 내가 괴수니라 그러나
내가 긍휼을 입은 까닭은 예수 그리스도께서 내게 먼저 일절 오래 참으
심을 보이사 후에 주를 믿어 영생 얻는 자들에게 본이 되게 하려 하심이
니라"(딤전 1 : 15∼16).
옆 페이지의 지도를 연구함으로써 사울(바울)에 대해 알아 보라.

주님의 방법

유대 지도자들은 거듭난 바울을 대적해서 그를 죽이려는 계획을 세웠다.
바울은 광주리를 타고 다메섹 성벽을 내려와 피해야만 했다(9 : 23∼

25), 바나바(그의 이름은 '권위자'를 의미한다)가 나서서 바울을 두려워하고 있던 예루살렘 신자들로 하여금 바울을 받아들이도록 도와주었다(9 : 26~31). 바나바는 바울의 전도 사역 또한 도왔다(11 : 25~26).

비유대인을 위한 바울의 전도를 위해(아직 대부분이 유대 신자들인) 교회를 준비시키시려고 주님은 베드로에게 환상을 보여 주셨다. 그 환상에서 베드로는 "부정한" 동물들을 먹음으로써, 율법을 깨뜨리라는 말씀을 들었다. 그 결과로 베드로는 이방인인 고넬료에게 기꺼이 복음을 전할 수 있었다(10장). 옛 전통에서는 유대인이 이방인을 방문조차 할 수 없었기 때문에, 그것은 비유대인 전도에 있어 매우 중요한 첫 발걸음이었다. 베드로는 고넬료에게 "내가 참으로 하나님은 사람의 외모를 취하지 아니하시고 각 나라 중 하나님을 경외하며 의를 행하는 사람은 하나님이 받으시는 줄 깨달았도다"(행 10 : 34~35)고 말했다.

유대인의 핍박이 더욱 심해져서 교회는 수리아의 안디옥까지 북쪽으로 확장되었고, 거기서 제자들이 처음으로 "그리스도인"(예수 그리스도와 동일시하는 이름으로 "그리스도의 사람"을 뜻한다)이라고 불리워졌다. 이윽고 안디옥은 초대 교회의 전도 중심지가 되었다(11장). 사도 바울의 처음 세 차례의 전도 여행은 이 성에서 시작되었다.

사도행전은 다른 이들을 통해 사역을 배가(倍加)시키는 주님의 방법이 매우 탁월함을 보여 준다. 그것은 오늘날에도 마친가지이다. 하나님의 영은 우리로 하여금 그분의 제자들과 증인들이 될 능력을 주신다. 하나님이 우리에게 요구하시는 바는 성령의 능력을 이용하라는 것뿐이다.

교회 시대의 주요 사건들은 사도행전의 기록을 순서대로 요약해 주는 영어 문장인 " CHURCH STARTS "(교회가 시작되다)를 이용해 기억할 수 있다.

그리스도(Ċhrist) 가 승천하시다(1)

성령(Ḣoly Spirit) 이 임하시다(2)

예수 이름으로 일어(Ụp) 선다(3)

사도들이 풀려나다(Ṙelease) (4)
부부(Ċouple)가 거짓말을 하다가 죽다(5)
사도들을 돕는자들(Ḣelpers) (6)
스데반(Ṡtephen)의 변론과 죽음(7)
빌립의 여행(Ṫravels) (8)
바울의 영접(Ȧcceptance) (9)
이방인들을 신자로 영접함(Ṙeceiving) (10)
안디옥으로 이주함(Ṫransfer)(11)
시몬(Ṡimon) 베드로가 가까스로 죽음을 피하다(12)

9
전도 여행

일차 순회 시대 (사도행전 13-15장)

여행할 때는 파자마(pajamas:PJ 라고도 알려져 있음)를 가방에 넣는 것이 중요하다. 이 정보를 기억한다면, 바나바가 첫번째 전도 여행을 했을 때 PJ〔Paul(바울)과 John Mark(요한 마가)〕를 데리고 갔음을 기억할 수 있을 것이다.

바나바, 바울, 요한 마가는 안디옥에 세워진 첫 교회로부터 선교사로 파송되었다. 구브로를 거쳐 여행하면서, 세 사람은 회심자들을 얻기도 했지만 갈등을 겪기도 했다.

요한 마가가 버가에서 고향으로 돌아가 버린 후, 바울과 바나바는 갈라디아 중심 도시의 내륙 지방을 방문했다. 수많은 새 신자들에 의해 교회들이 세워졌다. 그러나 사단도 역사해서 바울은 돌에 맞아 거의 빈사 상태가 되어 루스드라에서 내버려졌다. 그러나 주님은 그를 다시 살리셨

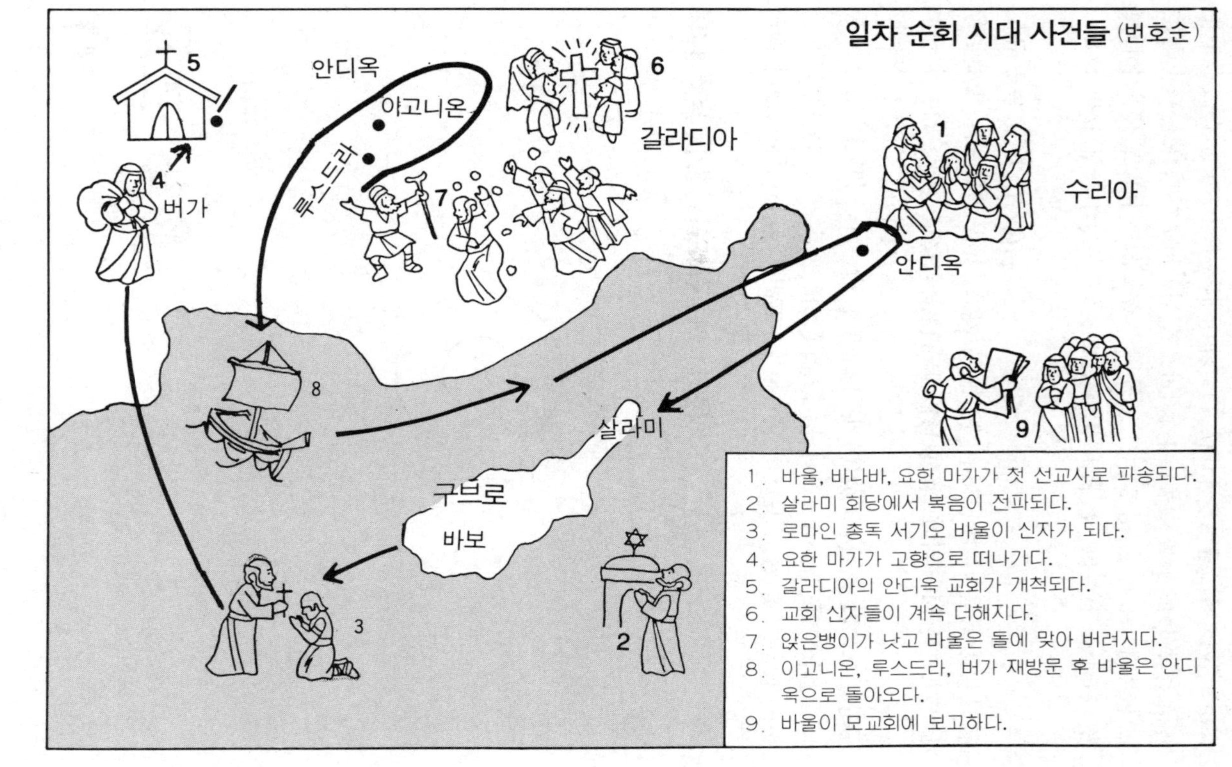

일차 순회 시대 사건들 (번호순)
안디옥
야고니온
루스드라
버가
갈라디아
수리아
안디옥
구브로
바보
살라미
1. 바울, 바나바, 요한 마가가 첫 선교사로 파송되다.
2. 살라미 회당에서 복음이 전파되다.
3. 로마인 총독 서기오 바울이 신자가 되다.
4. 요한 마가가 고향으로 떠나가다.
5. 갈라디아의 안디옥 교회가 개척되다.
6. 교회 신자들이 계속 더해지다.
7. 앉은뱅이가 낫고 바울은 돌에 맞아 버려지다.
8. 이고니온, 루스드라, 버가 재방문 후 바울은 안디옥으로 돌아오다.
9. 바울이 모교회에 보고하다.

다.

첫번째 전도 여행에서 그 두 사람이 더베에 이르렀을 때, 그 여정(旅程)은 큰 반원형이었다. 그때 바울은 새로운 교회들로 돌아가 신자의 믿음을 굳게 해주려고 결심했다. 그들은 마침내 수리아의 안디옥으로 돌아왔다.

바울의 세 차례 전도 여행은 지도에 쉽게 그려질 수 있다. 세 가지 길은 "C"라는 글자, 땅콩, 국자 모양이다. 첫번째 여행에서 일어난 사건들을 돌아보면서 옆 페이지의 지도를 보라.

양육

회심자들에 대한 바울의 주 관심사였 성장(growth) 을 나타내기 위해 (바울의 첫번째 여행에서 중심지였던) 갈라디아 (Galatia) 의 G 를 사용하라. 바울은 회심 후의 성장을 강하게 믿었다. 돌로 치는 등의 핍박이 그를 몰아내기까지 가능한 한 오래 머물면서 그는 새 신자들을 가르쳤다. 그리고 개인적으로 큰 위험까지도 무릅쓰면서, 가능한 한 빨리 그들을 방문하기 위해 그는 돌아갔다. 심지어 돌에 맞았던 성에까지 !

전도 상황 보고를 위해 안디옥으로 돌아오자마자, 바울은 갈라디아 신자들에게 편지를 써서 그들을 위해 기도하고 있음을 알리고, 구원을 위해서는 오직 믿음만을 의지하라고 그들에게 권고했다. 이는 거짓 교사들이 율법을 지키고 선행을 함으로써 천국에 가는 것이라고 가르쳤기 때문이었다.

바울은 예루살렘에서 열린 첫번째 공의회에 참석해서 유대의 반대자들에 대해 새로운 이방인 회심자들의 입장을 변호했다. 그리고 난 후 그는 첫 여행 때 얻은 회심자들을 재방문하기 위해 두번째 전도 여행을 감행했다.

그리스도께로의 회심이 평생에 걸친 영적 성장 과정에 있어 첫 단계일

뿐이라는 점은 초대 신자들에게만이 아니라 오늘날 우리에게도 해당되는 사실이다. 성령으로 하여금 우리의 삶에서 하나님의 말씀을 사용하시도록 허락하는 만큼 우리는 성숙한다.

개인적인 영적 성숙을 위한 또 다른 중요한 수단 하나는 하나님을 예배하고 서로 격려하는 다른 신자들과 만나는 것이다. 벌겋게 타오르는 석탄 더미에서 조각 하나를 꺼냈을 때, 그것을 다시 집어 넣지 않으면 곧 식어 버리고 만다. 우리들은 그리스도를 위해 서로 불 속에 남아 계속해서 타올라야 한다.

갈라디아서 – 자유의 복음

갈라디아에서 돌아온 직후, 바울은 최근의 회심자들에게 갈라디아서를 써 보냈다. 첫번째 여행과 관련해서 그는 한 편지를 기록했던 것이다. 갈라디아서는 유명한 전도자가 쓴 하나의 양육 편지 (follow-up letter) 이다.

갈라디아서의 기쁜 소식은 그리스도 안에서 우리는 죄의 종된 상태에서 자유로울 수 있다는 것이다. 그리스도는 우리로 하여금 하나님과 바른 관계를 맺게 하는 데 전혀 무력한 구약 시대의 율법으로부터 우리를 자유케 하신다(갈 3~4장). 우리는 그리스도를 섬기고 이 세상에서 최고의 잠재력을 발휘할 수 있도록 자유케 되었다(5~6장).
그러나 진정한 자유는 원하는 것을 무엇이나 할 수 있다는 허가증을 뜻하지는 않는다. 우리가 자유케 된 것은 우리 자신들을 위해서가 아니라 우리를 사랑하셔서 자신을 주신 분을 위해 살기 위해서이다(갈 2 : 20). 우리는 이전의 종살이에서 벗어나 기꺼이 새로운 주인 – 그리스도 – 을 택하기 위해 자유케 되었다.

(인간의 본성에 의해서가 아니라) 성령에 의해 살고 행할 새로운 능력에 대한 대가는 갈보리에서 완전히 지불되었다. 그리스도는 옛 사람과 옛 생활에 우리를 매어 놓는 사슬을 끊어 주셨다. 왜 우리가 그 끊어진

사슬을 다시 맬 필요가 있겠는가?

야고보서 — 신앙의 생활의 조화

많은 사람들이 야고보서는 갈라디아서와 마찬가지로 가장 일찍 기록된 신약 서신들 중의 하나라고 생각한다.
갈라디아서는 믿음만이 구원을 이룬다는 사실을 강조한다. 그러나 야고보서는 구원을 이루는 것이 신앙만은 아님을 강조한다. 구원에 이르는 믿음은 행위에 의해 스스로를 입증한다.

야고보는 소아시아에 흩어져 있던 열 두 지파의 유대인들에게 편지를 썼다. 그는 예수님을 믿는 사람들은 신자답게 처신해야 함을 분명히 했다.
야고보서는 신자의 삶에 있어 구원하는 신앙으로 말미암아 생기는 차이점들을 다음과 같이 말하고 있다.
● 시련과 시험에 대한 승리(1 : 1~18)
● 하나님의 말씀에 대한 순종(1 : 19~27)
● 다른 사람들을 공정하게 대우함(2 : 1~13)
● 아브라함과 라합과 같이 선을 행함(2 : 14~26)
● 말과 생각에서의 순수성(3 : 1~4 : 4)
● 계획을 세움에 있어서 하나님 앞에 겸손함(4 : 5~5 : 6)
● 고난과 질병 중에 인내함(5 : 7~20)

신앙은 하나님이 계시다고 믿는 것 이상을 의미한다. 귀신들도 하나님이 계심을 믿는다. 자신들이 아는 바로 인해 떨기조차 하지만 그들은 구원받지 못한다(2 : 19~20). 구원하는 참된 신앙은 변화된 삶으로 자신을 입증한다. 신앙은 그 열매로 알려진다.

책들을 보라

제 1과에서 신약 27권이 주제별로 열거되어 있음을 보라. 가운데 칸은 편지들만으로 이루어지며, 이는 종종 서신서들이라고 불린다(그리스도 인이 된 지 수년이 지나서야 나는 서신서들을 주목하기 시작했다!).

신약성경에는 1,051개의 하나님의 명령이 있는데, 그들 대부분은 서신서들에 있다! 물론 어떤 명령들은 과거 혹은 미래 시제로 되어 있지만 대부분은 오늘 우리를 위한 것들이다. 신약성경에서 체험을 다룬 21권은 매일 적용되어야 할 강력한 충고들, 곧 '권고'라는 말 한 마디로 요약될 수 있다.

만일 하나님께서 내가 무슨 일을 하기를 원하시는가를 진실로 알고 싶다면, 로마서부터 유다서까지의 서신서들을 읽으라! 읽을 때에는 각 명령(Command) 옆의 성경 여백에 크게 "C"자를 기록하라. 또는 감탄부호를 사용하라. 그러면 하나님이 얼마나 분명히 우리에게 말씀하셨는가를 알게 될 것이다. 하나님의 계획은 그것을 읽고 주의하는 모든 이들에게 드러난다.

대부분의 사람들은 신약성경의 역사서 5권을 순서대로 쉽게 기억한다. 그들은 사복음서 다음에 사도행전이 따라옴을 안다. 그러나 서신서들을 순서대로 똑바로 말하기는 힘들다.
서신서들이 자연스럽게 두 그룹으로 나누어지는 것을 기억하면 좋을 것이다. 첫 13권은 바울이 썼고 8권은 다른 이들이 썼다. 바울 서신은 모두 다 수신자들의 이름을 따라 명명되었다(디모데전서, 에베소서 등). 야고보서, 베드로전후서, 요한일이삼서, 유다서는 다 쓴 사람의 이름을 따라 명명되었다(사람이 알려지지 않는 히브리서는 이 구분에 딱 들어맞지 않는 유일한 서신이다).

새로운 독서법

옆 페이지에는 신약성경의 열 두 시대가 기록되어 있고, 모든 책들이 필

신약 성경 시대

목 수 1 30년 누가복음 1–2장	주 장 2 16개월 누가복음 3–6장	선 택 3 18개월 누가복음 6–9장	학 습 4 6개월 누가복음 10–19장	십자가 5 47일 누가복음 19–24장 사도행전 1장	교 회 6 16년 사도행전 2–12장
일차 순회 7 2년  사도행전 13–15장 갈라디아서 야고보서	이차 순회 8 3년  사도행전 16–18장 데살로니가전서 데살로니가후서	삼차 순회 9 4년  사도행전 19–21장 고린도전서 고린도후서 로마서	감 금 10 12년 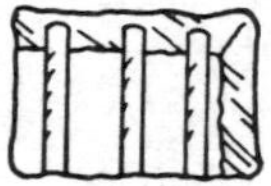 사도행전 22–28장 에베소서 골로새서 빌립보서 빌레몬서 디모데전후서 디도서	일반 기자 11 27년  히브리서 베드로전후서 요한일이삼서 유다서	완 성 12 1.007년  요한계시록

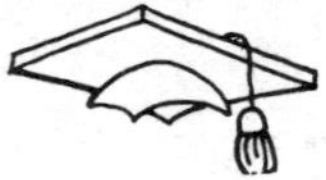

자가 생각하는 연대순으로 배열되어 있다. 도표를 연구하다 보면, 신약
성경의 서신서 21권이 모두 일곱 시대에 걸쳐 기록되었음을 알 수 있다
(일차 순회 시대부터 일반 기자 시대까지). 열 번째와 열 한 번째 시대에
는 각기 7권이 있다. 나머지 7권은 일곱 번째와 아홉 번째 시대 사이에
기록되었다(일곱번째 시대 2권, 여덟번째 시대 2권, 아홉번째 시대 3권).
  각 시대에 대한 하나님의 관심을 알기 원한다면 네모 안에 기록된 것
을 모두 읽으라. 예를 들어, 바울의 삼차 여행기와 연관된 성구들을 연구
하려면 사도행전 19∼21장과 고린도전서와 고린도후서, 그리고 로마서
를 읽으라.

  바울의 세 차례 여행 기사가 사도행전에서 각각 세 장씩 차지하고 있
다는 것은 흥미롭다. 또한 각 여행의 수와 그것과 연관해서 그가 기록한
서신들의 수가 정확하게 일치한다(첫번째 여행에서 1권, 두번째 여행에
서 2권 등등).
  성경 읽기를 통해 더 많은 것을 얻을 수 있는 최선의 방법들 중의 하나
는 각 장의 제목을 몇 단어로 정해 보는 것이다. 예를 들어, 로마서 1장
은 "최악에 최악을"이나 "불의에 대한 하나님의 진노"가 될 것이다.

  재미있는 단계는 성경의 장 제목을 정할 때 그 첫글자들로 한 문장을
이루게 하는 것이다. 그 책을 요약할 한 문장을 찾아내되 각 장 제목의
첫 글자가 바로 그 문장을 이룰 수 있어야 한다.
  옆 페이지에 나오는 로마서의 경우는 배리 허들스톤(Barry Hud-
dleston)이 만든 것이다. 십대에 그는 정경 66권 전 권에 대해 이 일을
마쳤고, 그것은 후에 토마스 넬슨(Thomas Nelson)社에서 출판되
었다.

로마서

*

1. **T**estimony about man's sinfulness (인간의 죄악됨에 대한 증거)

2. **H**uman judgement of sin (죄로 인한 인간의 심판)

3. **E**vidence of God's Justification (칭의에 대한 하나님의 증거)

4. **G**od counts Abraham righteous (하나님이 아브라함을 의롭게 여기시다)

5. **O**btaining righteousness by Christ (그리스도에 의해 의롭다 함을 얻음)

6. **S**inful nature is crucified (죄악된 본성이 십자가에 못박히다)

7. **P**roblem of Continued Sin (계속되는 죄 문제)

8. **E**xperiencing freedom in Christ (그리스도 안에서 자유를 경험함)

9. **L**ove shown for Israel (이스라엘을 향한 사랑)

10. **O**ppotunity for Jew's Salvation (유대인의 구원을 위한 기회)

11. **F**ullness of the Gentiles (이방인의 충만)

12. **J**oy in using gifts (은사 사용의 기쁨)

13. **E**stablished authorities of God (하나님의 확고한 권세들)

14. **S**trong and weak brethren (강한 형제들과 약한 형제들)

15. **U**nity within the Church (교회 내의 일치)

16. **S**alutation given by Paul (바울의 인사)

---

* THE GOSPEL OF JESUS: 열 여섯 장의 제목들의 첫 글자를 차례로 모으면 "예수의 복음"이라
는 로마서 전체의 제목이 된다(역자 주).

10
서방 전도

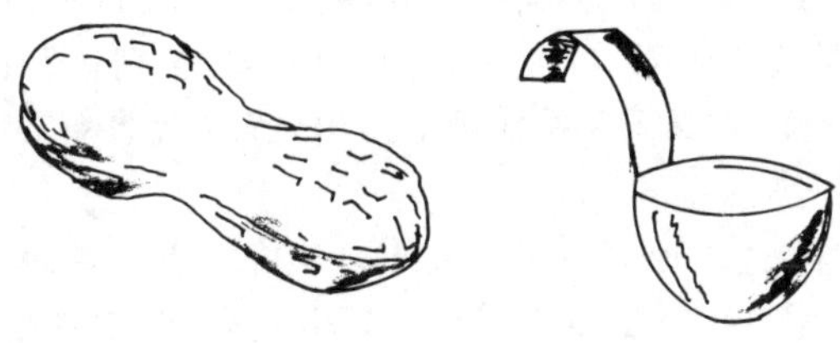

이차 순회 시대 (사도행전 16-18장)
삼차 순회 시대 (사도행전 19-21장)

이차 순회 시대 중에 실라, 디모데, 바울은 수리아의 안디옥을 떠나 갈라디아 신자들을 격려하러 갔는데, 그것이 바울의 이차 전도 여행의 시작이었다(행 16~18장).
그때 성령께서 북쪽, 혹은 남쪽으로의 진행을 명백히 금하셨기에, 일행은 에게해 연안의 드로아를 향해 서쪽으로 나아갔다. 거기서 바울은 마게도냐에서 도움을 청하는 한 사람의 환상을 보았다. 그 응답으로 바울과 그 일행은 처음으로 헬라 반도에 복음을 전했다.

빌립보, 데살로니가, 고린도, 에베소 교회가 다 이 여행 중에 세워졌다. 하나님의 말씀을 가르치면서 바울은 고린도에 18개월간 머물렀다. 이때 아굴라와 브리스길라가 바울과 친해졌다. 인사하기 위해 예루살렘

교회에 잠시 들른 후에 선교사들은 안디옥으로 돌아왔다.

지도상으로 이 여행은 대략 땅콩 같은 모양으로 그려진다. 옆 페이지에서 이차 순회의 주요 사건들을 주의해 보라.

여기 그분이 다시 오시다

바울 일행은 이 여행 기간의 대부분을 마게도냐, 아가야, 헬라에서 보냈다. 아가야(Achaia) 의 A 는 이 시대의 주제인 출현(Appearing) 이라는 단어를 생각하게 만든다. 이것은 바울의 이차 여행이고 회심자들에 대한 그의 이차 출현이다. 이 시대에 바울이 기록한 데살로니가전서와 후서는 우리의 주이시요 구주이신 예수 그리스도의 두번째 출현을 크게 강조하고 있다.

그리스도께서 어느 때에든지 재림하실 수 있다는 것을 확실히 믿을 때 신자들은 더욱 경건한 삶을 살게 된다. 이 일은 당신의 생애에도 일어날 수 있다. 예수께서 그리스도인들을 모으기 위해 오시기 전에 성취되어야 할 예언들은 더이상 아무것도 없다. 따라서 우리는 우리 주의 임박한 재림을 깨어 일하며 기다려야 한다. 다음 페이지를 넘기기 전에 그렇게 하게 되길 바란다 !

데살로니가전서 – 재림 전의 승리

다른 대부분의 서신들에서와 마찬가지로, 바울은 데살로니가 신자들을 위한 감사 기도로 이 편지를 시작한다. 그들은 참된 구원에 이르게 하는 사랑과 선행을 보여 주었다(1장). 바울은 그들이 얼마나 그를 잘 영접해 주었는가를 회상하면서(2장), 왜 그들을 섬기도록 디모데를 보냈는지를 설명했다(3장).

처음에 몇몇 데살로니가 신자들은 그리스도인들이 다 살아있을 때 예수께서 재림하실 것이라고 생각했다. 나중에 그들은 이미 죽은, 사랑하던 자들에게 무슨 일이 일어날까 궁금해 했다. 바울은 기쁜 소식을 가지고 있었다 ! 그리스도 안에서 죽은 자들은 주님과 함께 있다. 그분이 돌

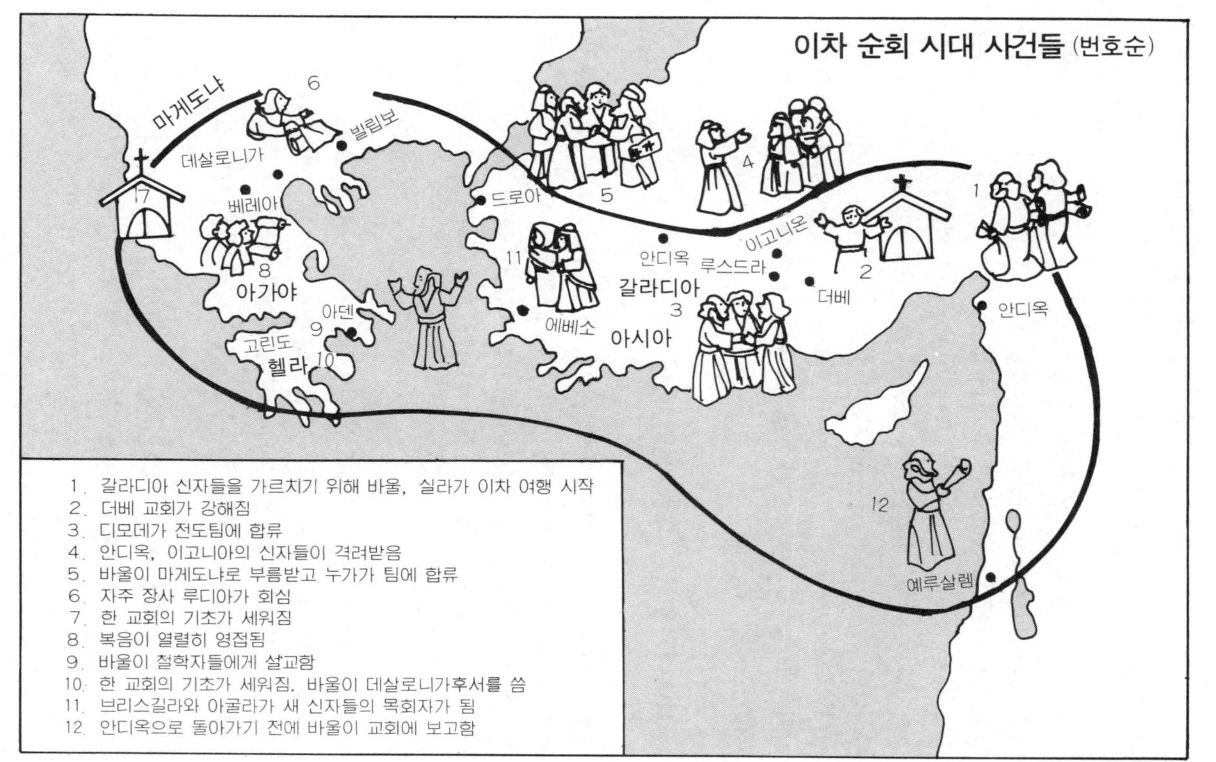

1. 갈라디아 신자들을 가르치기 위해 바울, 실라가 이차 여행 시작
2. 더베 교회가 강해짐
3. 디모데가 전도팀에 합류
4. 안디옥, 이고니아의 신자들이 격려받음
5. 바울이 마게도냐로 부름받고 누가가 팀에 합류
6. 자주 장사 루디아가 회심
7. 한 교회의 기초가 세워짐
8. 복음이 열렬히 영접됨
9. 바울이 철학자들에게 설교함
10. 한 교회의 기초가 세워짐. 바울이 데살로니가후서를 씀
11. 브리스길라와 아굴라가 새 신자들의 목회자가 됨
12. 안디옥으로 돌아가기 전에 바울이 교회에 보고함

아오실 때, 그들의 산 영혼은 그분과 함께 돌아올 것이며 그들의 죽은 몸은 살아날 것이다(4장).

그리스도가 오실 때, 살아있는 우리 그리스도인들은 홀연히 영적인 존재로 변화되어 땅에서 들림을 받아 공중에서 주님과 우리의 사랑하는 이들을 만날 것이다. 그리고 난 후 우리 모두는 주님과 함께 본향으로 가서 함께 영원히 살게 될 것이다. 그 얼마나 놀라운 만남인가!

신자가 죽을 때, 우리는 아무 소망이 없는 자들처럼 슬퍼할 필요가 없다. 살아있는 동안에 우리는 주님의 갑작스런 재림에 대비하고 있어야 한다. 주님이 재림하시는 날과 때는 아무도 알지 못한다(5장을 보라). 각 신자는 그때까지 그리스도가 재림하실 것을 소망 중에 기다려야 하는 것이다.

데살로니가후서 – 재림 전의 환난

핍박의 불길이 뜨거워지기 시작했을 때, 몇몇 데살로니가인들은 아마 그들이 주님의 재림을 놓쳐버린 것이 아닌가 하고 생각했다. 그들은 지금 예수께서 말세에 일어나리라고 말씀하신 대환난(대환난기는 전쟁, 재난, 핍박의 때이다)을 겪고 있는 것이 아닌가 하여 두려워했다(눅 21 : 5~33/살후 1 : 3~10 참조).

바울은 주님이 두 단계로 오실 것이라고 가르치는 것 같다. 첫째 그분은 자기 백성을 하늘로 데려가시기 위해 공중에 오실 것이다. 그리고 난 후 대환난이 지나가면 성도들과 더불어 자기의 나라를 세우시기 위해 지상에 오실 것이다. 대환난은 그분의 지상 재림 전에 있게 될 것이다.

바울은 데살로니가인들이 겪고 있는 핍박이 대환난이 아니라고 안심시켰다(2장). 우리도 역시 그리스도를 위해 시련과 핍박을 겪어야 할지 모른다(3장). 그러나 주님은 자신이 세상을 이기셨기 때문에 그런 때에는 기뻐하라고 명령하셨다(요 16 : 33).

삼차 여행을 시작함

갈라디아 그리스도인들을 세번째로 격려한 후, 바울과 그 일행(이 여행에는 도합 아홉 명이 동행했다)은 에베소를 향해 서쪽으로 갔다. 바울은 에베소에서 도합 삼 년 간이나 머물렀는데, 이는 그의 적극적 사역에 있어 한 곳에 가장 오래 머물렀던 경우인 셈이다. 이 기간 동안에 아시아 전역이 하나님의 말씀을 들었다.

마게도냐, 아가야, 헬라를 대략 돌아본 후, 바울은 예루살렘에 가면 체포될 것이라는 거듭되는 경고에도 불구하고 오순절을 위해 서둘러 그곳으로 갔다.

바울의 세번째 여행 경로는 뒷 페이지의 지도에서 보다시피 국자 모양 같다. 국자 모양은 미완성 상태인데, 이는 그 여행이 예루살렘에서 중단되기 때문이다.

영적 수학(數學)

세번째 여행 중에 바울이 대부분의 시간을 보낸 곳인 에베소(Ephesus)의 E 는 복음 전도(Evangelism) 전략을 대표할 수 있다. 바울의 접근법은 명백하다. 그는 다른 사람들의 사역을 통해 자기의 일을 배가시키려고 노력했다. 바울은 주요 도시 혹은 마을에 가서 교회를 시작하고, 장로들을 훈련시킨 다음 그 지역의 복음화를 그들에게 맡겼다. 이것은 삼 년 동안 열 두 사도를 훈련시키신 후 복음을 그들에게 맡기신 예수님의 접근 방식과 같다.

요한 생존 당시 아시아에 일곱 교회(계 2~3장)가 있었다는 것은 바울의 방법이 효과가 있었다는 증거이다. 바울이 이들 일곱 교회 중에서 여섯 교회를 개인적으로 방문했다는 기록은 전혀 없지만, 교회들은 에베소 주변에 흩어져 있었다. 에베소인들은 하나님을 위하고 이웃을 복음화하는 데 열심이었던 것 같다.

만일 신자들이 영적 덧셈만을 사용한다면 세상은 결코 그리스도께 인도될 수 없다. 초대 교회 교인들과 마찬가지로, 많은 사람을 인도하기 위

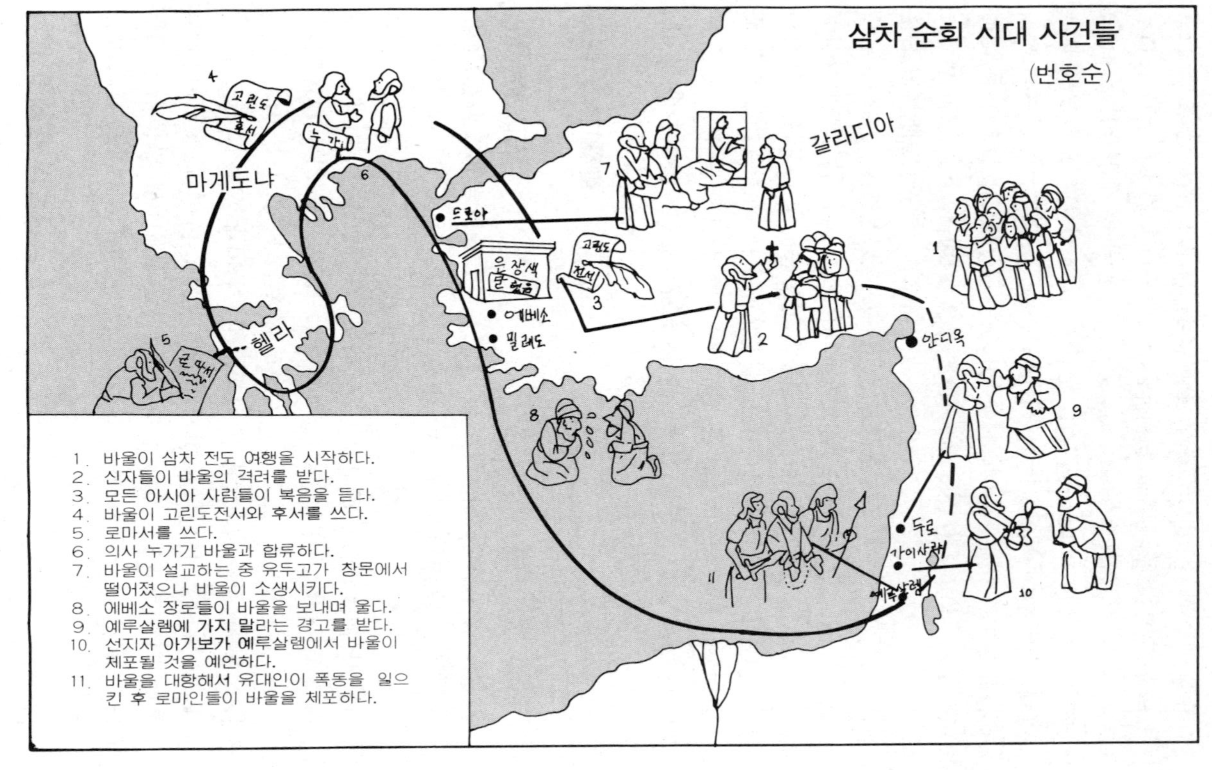

삼차 순회 시대 사건들
(번호순)
마게도냐
헬라
갈라디아
고린도 후서
누가
고린도 전서
로마서
드로아
우상숭배 없음 장색
에베소
밀레도
안디옥
두로
가이사랴
예루살렘
1
2
3
4
5
6
7
8
9
10
11
1. 바울이 삼차 전도 여행을 시작하다.
2. 신자들이 바울의 격려를 받다.
3. 모든 아시아 사람들이 복음을 듣다.
4. 바울이 고린도전서와 후서를 쓰다.
5. 로마서를 쓰다.
6. 의사 누가가 바울과 합류하다.
7. 바울이 설교하는 중 유두고가 창문에서
   떨어졌으나 바울이 소생시키다.
8. 에베소 장로들이 바울을 보내며 울다.
9. 예루살렘에 가지 말라는 경고를 받다.
10. 선지자 아가보가 예루살렘에서 바울이
    체포될 것을 예언하다.
11. 바울을 대항해서 유대인이 폭동을 일으
    킨 후 로마인들이 바울을 체포하다.

해서 우리는 영적 곱셈을 사용해야 한다. 한 사람의 구령자(Soul-win-ner)를 훈련시키는 것도 한 영혼을 얻는 것 만큼이나 중요한데, 그렇게 되면 다른 사람을 그리스도게로 인도할 자가 하나가 아닌 둘이 되기 때문이다.

세번째 여행(행 19~21장)과 연관해서, 바울은 고린도전후서, 로마서(아마 이 순서로 기록되었을 것이다) 이 세 서신을 기록했다.

고린도전서 – 교회 문제의 해결

때때로 사람들은 "아, 우리가 초대 교회로 돌아갈 수 있다면…" 하면서 "신약 교회"는 오늘날의 교회들이 겪고 있는 문제들을 갖고 있지 않았을 것이라고 생각한다. 그러나 나는 예를 들어 고린도제일교회도 그리 편안했다고는 확신할 수 없다.

고린도전서는 이 신약교회 안에 있던 문제들에 관한 편지이다. 그들은 교회 신도들간의 분규, 신도들 사이에 인정되고 있는 근친상간 문제, 교인들끼리의 송사(訟事) 문제, 간음, 이혼, 주의 만찬시의 무질서, 예배 방법상의 불일치, 십일조와 헌물 문제 등을 갖고 있었다. 그리고 사실 문제는 여기 기록된 것 외에도 더 있었다.

전해 오는 말에 의하면 바울은 대머리였다고 한다. 고린도 교회는 어떤 목회자건 머리가 다 빠지게 할 정도로 문제가 많은 교회였을 것이다! 그러나 고린도 교회에 보내는 첫번째 편지의 주조(主調)는 정죄가 아니라 관심과 교정이다. 하나님은 모든 교회, 가족, 개인적 문제의 해답을 갖고 계시다.

고린도 교회의 신도들 모두에게 절실하게 필요했던 요소는 하나님의 사랑이었다. 바울이 말한 바대로 위의 문제들을 푸는 데 사랑이 얼마나 도움이 되겠는지 생각해 보라.

"사랑은 오래 참고 사랑은 온유하며 투기하는 자가 되지 아니하며 사랑은 자랑하지 아니하며 교만하지 아니하며 무례히 행치 아니하며 자기의 유익을 구치 아니하며 성내지 아니하며 악한 것을 생각지 아니하며 불의를 기뻐하지 아니하며 진리와 함께 기뻐하고 모든 것을 참으며 모든 것을 믿으며 모든 것을 바라며 모든 것을 견디느니라 사랑은 언제까지든지 떨어지지 아니하나 예언도 폐하고 방언도 그치고 지식도 폐하리라"(고전 13 : 4~8).

고린도후서 - 바울의 변증

고린도 교회의 문제들에 대한 바울의 "참견" 때문에 그의 멧세지를 좋아하지 않은 사람들이 그를 헐뜯게 되었다. 따라서 바울의 그 다음 편지가 자신의 명예를 회복하려고 노력한 것은 놀라운 일이 아니다.

가장 자전적(自傳的)인 그의 서신에서 사도 바울은 자기 내심을 드러내 보였다. 논리적인 사도인 바울은 자신도 지극히 감정적으로 될 수 있음을 보여 주었다. 새로이 회심한 자들의 신앙을 망치려 한 거짓 교사들에 대한 그의 분노를 우리는 느낀다.

그러한 분노에도 불구하고, 바울은 의심 많은 고린도인들을 돌이키기 위해 자애로운 태도로 이유를 제시한다.

"마음으로 우리를 영접하라 우리가 아무에게도 불의를 하지 않고 아무에게도 해롭게 하지 않고 아무에게도 속여 빼앗은 일이 없노라 내가 정죄하려고 이 말을 하는 것이 아니라 이전에 말하였거니와 너희로 우리 마음에 있어 함께 죽고 함께 살게 하고자 함이라"(고후 7 : 2~3)고 바울은 말했다.

하나님이 주신 권위를 갖고 있었음에도 불구하고, 그는 그것을 행사하지 않기로 했다. 그보다 그는 고린도인들이 자기 의사에 의해 바른 일을 하기를 바랬다. 고린도의 회심자들이 주님께 대해 참되고, 신앙 가운데 자라도록 돕기 위해서라면 바울은 자기의 모든 개인적인 권리를 기꺼이 제쳐 놓았다.

로마서 – 하나님의 의

성경전서에서 사도 바울이 기록한 열 세 서신들 중의 제일 첫번째가 로마서이다. 로마서가 그렇게 그런 위치에 놓이는 것은 하나님의 의라는 주제를 중심으로 복음의 큰 윤곽을 우리에게 전해 주기 때문이다. 로마서는 구원의 복음에 대한 매우 질서정연한 개요서이다.

바울은 하나님의 능력과 거룩함이 피조물과 인간의 양심을 통해 계시된다고 설명한다. 성경 또한 하나님께 대해 더 알고 싶어하는 대부분의 사람들에게 유용하다. 그러나 사람은 모두 하나님의 완전한 표준에는 이르지 못하며, 은혜라는 선물로써만 하나님께 합당할 수 있다. 하나님의 거룩한 요구는 하나님의 완전한 어린 양이 십자가에 죽으셨을 때 충족되었다. 우리가 하나님과 화평할 수 있도록 하나님의 선물을 받아들이기만 하면 그분은 우리를 용서하시며 우리가 그리스도를 닮을 수 있도록 도와 주신다.

또한 하나님께서 자신의 약속들을 지키신다는 분명한 예로 바울은 이스라엘을 든다. 그는 메시야가 지상에 재림하실 때 문자 그대로 유대인을 위해 한 나라가 세워질 것을 지적한다. 한편 우리는 하나님께 바쳐진 삶 가운데서 그분이 무엇을 이루시는지 보여 주는 살아있는 본들이 되어야 한다.
"그러므로 형제들아 내가 하나님의 모든 자비하심으로 너희를 권하노니 너희 몸을 하나님이 기뻐하시는 거룩한 산 제사로 드리라 이는 너희의 드릴 영적 예배니라 너희는 이 세대를 본받지 말고 오직 마음을 새롭게 함으로 변화를 받아 하나님의 선하시고 기뻐하시고 온전하신 뜻이 무엇인지 분별하도록 하라"(롬 12 : 1～2).

바울의 다른 모든 서신들과 마찬가지로 로마서는 교리와 의무에 대한 균형 잡힌 견해를 제시하고 있다. 참 신앙은 매일의 행위에서 그렇지 않은 신앙과의 차이를 드러낸다. 우리는 하나님과 다른 사람들을 섬기기 위해 구원을 받았다.

로마서 말미에서 바울은 인사를 전하거나 받을 사람들인 서른 한 명의 이름을 언급한다(롬 16 : 1~23). 그는 아직 로마에 가본 적이 없었지만, 로마 제국 각처에서 이 사람들을 만났었다. 바울은 이들을 한 무리로서 섬기기도 했지만 개인적으로도 그들을 알고 돌보았다.

11
옥중 설교

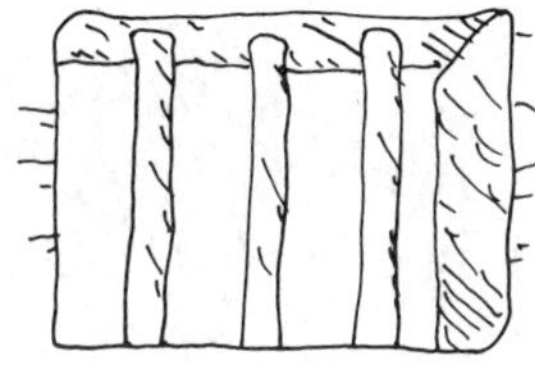

감금 시대 (사도행전 22 – 28장)

바울의 네번째 여행은 이전의 세 여행과는 달리, 정확히 말해 자발적인 전도 여행이 아니었다. 이번에는 로마 제국이 여행비를 지불했고, 바울은 로마의 죄수로서 간 것이다.

뒷 페이지에 나타난 바울의 여정에 따라 사건들을 살펴보라.

삼차 순회를 마친 후, 예루살렘에 있는 동안에 강경파 유대인 반대자들은 바울을 죽이기 위해 재판에 회부하려고 했다. 아시아계 유대인들이 바울을 거스려 성전에서 폭동을 일으키자 로마인들이 그를 체포했다. 이스라엘에서 유대인들의 수년에 걸친 심문과 음모가 있은 후, 바울은 로마 황제에게 항소를 하기로 했다.

바울의(로마로의) 삼차 여행은 예루살렘에서 시작됐다(첫 세 여행은 모두 다 수리아의 안디옥에서 시작됐었다).

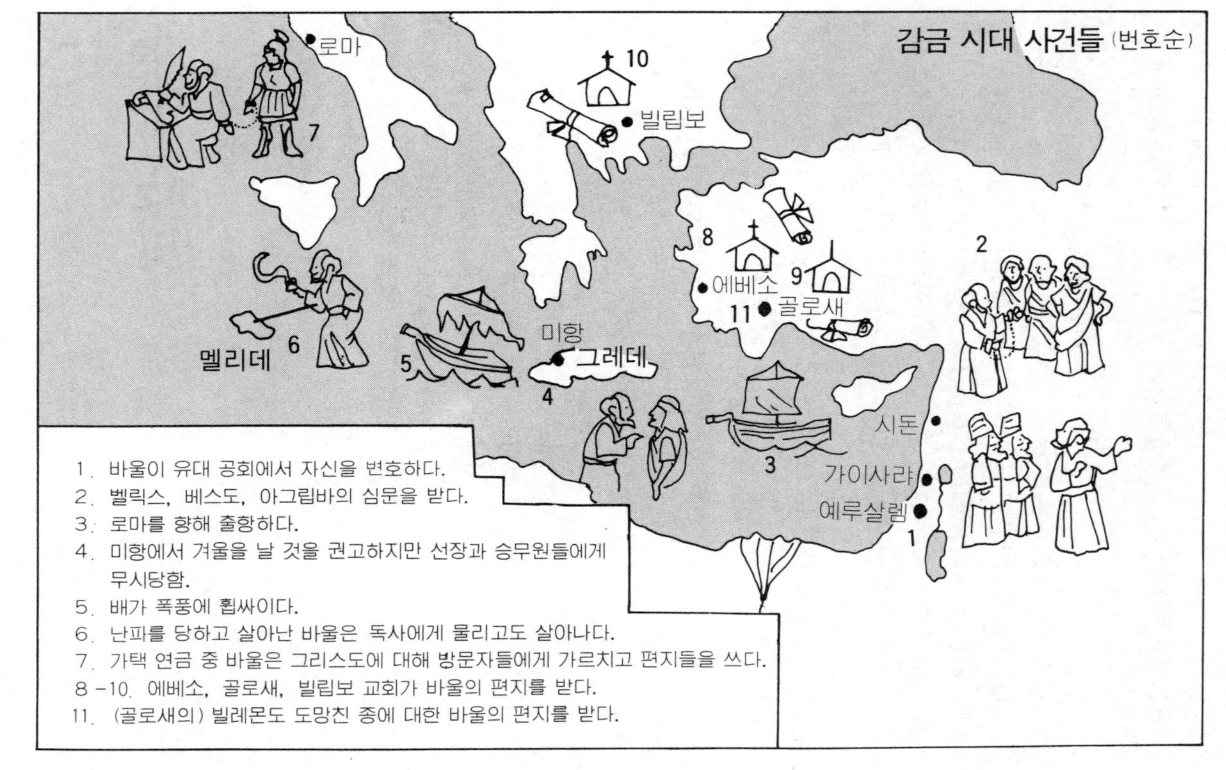

1. 바울이 유대 공회에서 자신을 변호하다.
2. 벨릭스, 베스도, 아그립바의 심문을 받다.
3. 로마를 향해 출항하다.
4. 미항에서 겨울을 날 것을 권고하지만 선장과 승무원들에게 무시당함.
5. 배가 폭풍에 휩싸이다.
6. 난파를 당하고 살아난 바울은 독사에게 물리고도 살아나다.
7. 가택 연금 중 바울은 그리스도에 대해 방문자들에게 가르치고 편지들을 쓰다.
8 - 10. 에베소, 골로새, 빌립보 교회가 바울의 편지를 받다.
11. (골로새의) 빌레몬도 도망친 종에 대한 바울의 편지를 받다.

바울과 다른 많은 죄수들을 태운 배는 로마로 가는 도중에 심한 풍랑을
맞았다. 배는 시실리 남쪽 멜리데 섬 연안에서 난파되어 모든 이가 해안
으로 피신했다. 일단 로마에 도착한 바울은 이태 동안 가택 연금 상태에
있었다. 하지만 방문자들을 맞고 공개적으로 예수 그리스도를 전할 자유
는 충분히 누렸다.

옥중의 서신들

바울의 네번째 여행 및 로마에서의 투옥과 연관된 네 편지들은 에베소
서, 골로새서, 빌레몬서, 빌립보서이며, 그것들은 아마 위의 순서대로
기록되었을 것이다.

　R은 바울의 여행 목적지인 로마(Rome)를 생각하게 할 뿐만 아니라
바울의 시종일관한 자세였던 희락(Rejoicing)을 나타낸다. 풍랑에 휩
싸인 배의 승무원들에게 바울이 한 말은 그의 낙관론을 그대로 반영한다
(행 27:21~26). 그의 기쁨은 옥중에서 기록한 편지들을 통해 생생하
게 빛난다.

　바울은 이 기간 동안 그에게 필요한 것을 채워준 신자들에 대한 감사
의 표시로 빌립보서를 기록한다. 이 편지에서 바울의 어조는 시종일관
다른 사람들을 격려하기 위한 것이었다. 바울은 그런 경우가 아니면 불
가능했을 방법으로 그리스도를 알릴 수 있었기 때문에 사슬에 매인 것을
기뻐했다. 바울은 주 안에서 항상 기뻐하라고 빌립보 신자들에게 일깨워
준다.

　에베소서, 골로새서, 빌립보서는 그리스도를 찬양하고 그분을 높이는
말들로 가득하다. 빌레몬서는 용서에 관한 하나의 고전적 작품이다. 그
렇지만 이 편지들은 모두 고난의 상황에서 씌어진 글들이다.

　바울은 개인적인 고난 가운데서 어떻게 기뻐할 수 있었는가? 그는 자
신을 가두는 자나 자신의 통제권 밖에 있는 어떤 인생 영역보다도 하나
님이 더 크심을 알고 있었다. 하나님은 바울을 비롯한 모든 사람들의 유

익(good) 에 대해 책임을 져 주신다.

우리는 우리의 삶에도 똑같은 일이 실현됨을 깨닫고 기뻐할 수 있다. 자기가 할 수 있는 모든 일을 다하면서 우리는 오로지 사랑으로 모든 지혜와 모든 능력을 사용하시는 하늘에 계신 사랑의 하나님의 자녀임을 인정해야 한다.

에베소서 — 그리스도 안에서의 존귀

그리스도 안에 있는 모든 신자들은 그리스도 자신의 부요를 모두 소유한다. 하나님은 우리가 하늘에서 그리스도와 함께 영화롭게 되었다고 보신다. 우리는 완전한 지위를 갖고 있다!

우리에 대한 하나님의 사랑은 너무나 커서 우리를 당신께로 돌이키시는 데는 성부, 성자, 성령 삼위일체 하나님이 모두 관여하신다. 죄 가운데 죽어 있던 우리는 이제 그리스도 안에서 살았다. 그리스도의 희생을 통해 우리는 하나님과 화목되었을 뿐만 아니라 그리스도의 교회 안에서 사람들 사이의 장벽도 제거되었다. 그리스도를 믿는 자들은 모두 다같이 하나님의 권속이 되기 때문에 유대인과 이방인의 구별이 없어졌다.

바울은 하나님의 성령이 교회에 일치를 가져다 주지만, 그 일치를 지키는 것은 우리의 책임이라고 말한다. 승천하신 그리스도는 우리의 사역을 위해 영적 은사들을 주시며, 우리는 그것들을 발견하고 사용해야 한다.

5장에서 바울은 부활의 능력이 우리에게 주어질 수 있는 한, 우리는 빛의 자녀답게 살기 위해, 사랑 가운데 살기 위해 그것을 주장해야 한다고 말한다. 만일 우리가 성령의 지배를 받는다면, 그것은 우리의 가정과 사업 관계에도 영향을 줄 것이다. 6장에서 바울은 마귀를 이기기 위해서는 하나님의 갑주가 필요하고, 그 갑주를 입는 것이 우리의 책임임을 설명한다.

골로새서 – 교회의 머리

그리스도가 하늘에 올라가셨을 때, 교회라고 불리우는, 신자들의 새로운 공동체를 이루기 위해 그분은 성령을 보내셨다. 그리스도의 머리는 하늘에 있고 몸은 땅에 있다. 심해(深海) 잠수부가 바다 표면에 떠 있는 배에서 생명 구조대를 조절하고 있는 자들을 전적으로 의지하듯이, 교회는 그리스도를 의지한다. 그분에게서는 죄에 대한 승리, 세상에서의 사역, 언젠가 하늘에 이른다는 보장을 얻기 위해 필요한 모든 것이 흘러나온다.

바울은 그리스도를 믿는 소박한 신앙을 비난하는 자들을 강력히 경계했다. "예수와 또…"가 아니라 오직 예수뿐이시다! 일단 그분을 우리 생애의 왕으로 모신다면, 우리는 전심전력을 다하여 죄악된 옛 본성이 죽게 하고, 새로운 피조물이 되게 하며, 가능한 한 많은 사람들에게 그리스도를 전하고 싶어하게 된다.

그리스도의 몸인 우리는 지상에서의 그분의 병기들이다. 그분은 우리의 손 이외의 손이나 우리의 발 이외의 발을 갖고 계시지 않다. 그분이 원하시는 바를 언제라도 할 수 있도록 우리의 손과 발은 그분의 것이 되어야 한다.

빌레몬서 – 오네시모의 사면(赦免)

오네시모는 로마에 있는 사도 바울에게로 도망쳐 온 노예였다. 그는 바울을 통해 예수 그리스도를 만났고, 그분은 그의 인생을 바꿔 놓았다. 오네시모의 전 주인은 이제 방금 바울의 친구요 동료 신자가 된 빌레몬이었다. 바울은 도망친 죄의 사면을 부탁하는 이 편지와 함께 오네시모를 빌레몬에게 돌려보냈다.

바울은 오네시모의 용서를 구했을 뿐이었다. 그는 그 종이 지고 있었을지도 모르는 부채를 면제해 달라고 빌레몬에게 구하지는 않았다. 오네시모의 부채는 바울에 의해 지불될 것이었다. 얼마나 놀라운 구원의 모습인가! 우리의 죄값은 독생자가 다 치루셨기 때문에 하나님은 우리를 값없이 용서하실 수 있다. 이는 우리의 삶을 얼마나 다르게 변화시키는 가!

빌립보서 – 겸손의 우선성

겸손을 통한 일치가 빌립보 교회에 보내는 바울 편지의 주제이다. 지역 교회에서는 각 개인들이 그리스도와 일치하고 공동체적으로 일치할 때, 기쁨이 넘쳐난다. 그러나 불일치는 기쁨을 파괴한다.

모든 사람들에게 복음을 전하는 일에 각 교인들이 참여할 때 교회의 일치는 더 쉽게 이룩된다. 바울은 옥중 설교를 통해 직접 그 본을 보여 주었다.

그리스도는 하나님과 인간의 일치에 필요한 개인적인 겸손의 궁극적인 본이시다. 그리스도는 자신을 통해 우리가 하나님과 화목할 수 있도록 영광의 자리를 버리셨다.

바울은 자신의 길다란 선행 목록으로도 하나님의 인정을 받지는 못함을 명확히 했다. 하나님과의 화목은 예수 그리스도를 통해 값없는 선물로 임한다. 하나님으로부터 임하는 평강에 거함으로써 우리는 주 안에서 항상 기뻐할 수 있다.

결박에서 풀려남

바울은 로마의 셋집에서 2년 간 죄수 생활을 했다. 로마법에서는 18개월 내에 고소인이 나타나지 아니하면 그 죄수는 자유의 몸이 될 수 있었다. 사도행전은 로마의 반대자들이 바울에 대해 로마로 소송을 제기하지 않았음을 시사하고 있다. 대부분의 역사가들은 바울이 로마의 옥에서 석방되어 서바나, 에베소, 마게도냐, 그레데에까지 오차 여행을 하고 로마로 돌아왔다고 믿는다(옆 페이지의 지도를 보라).

이 시기에 바울은 서쪽으로 서바나까지 복음을 전하고 두 젊은 목회자

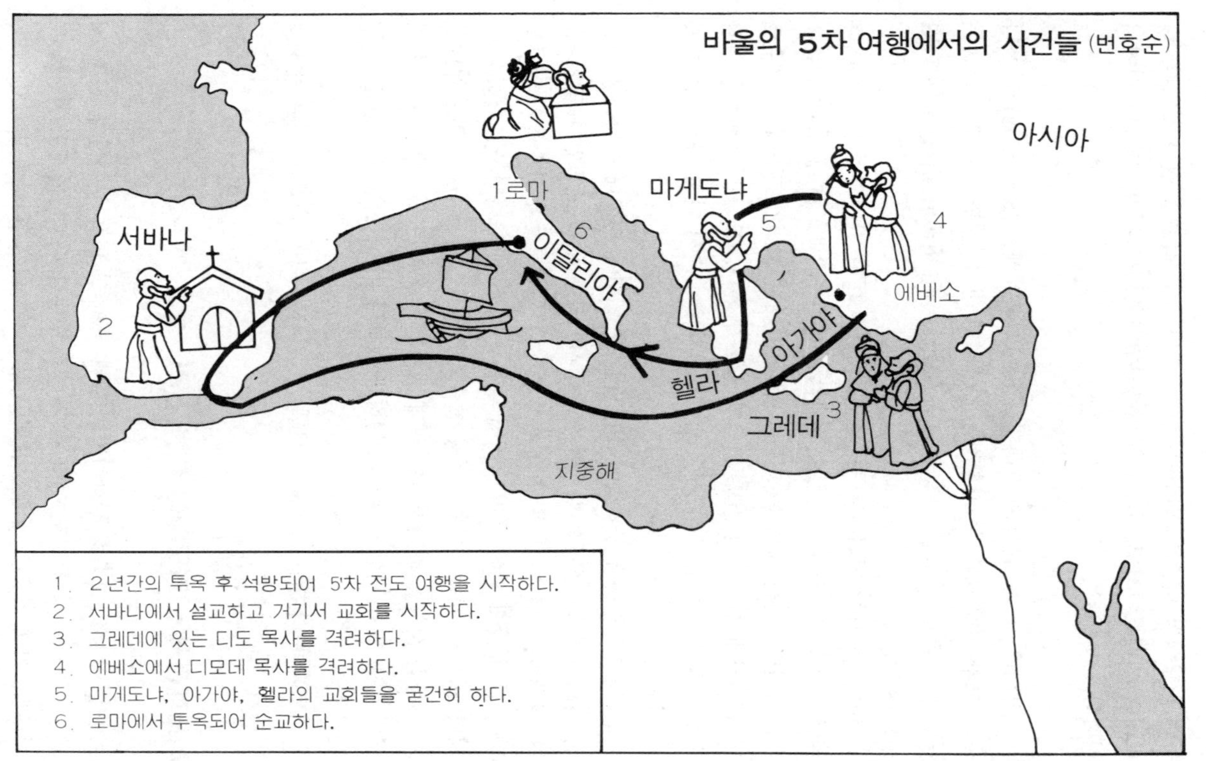

바울의 5차 여행에서의 사건들 (번호순)
아시아
서바나
1 로마
마게도냐
이달리야
에베소
아가야
헬라
그레데
지중해
1. 2년간의 투옥 후 석방되어 5차 전도 여행을 시작하다.
2. 서바나에서 설교하고 거기서 교회를 시작하다.
3. 그레데에 있는 디도 목사를 격려하다.
4. 에베소에서 디모데 목사를 격려하다.
5. 마게도냐, 아가야, 헬라의 교회들을 굳건히 하다.
6. 로마에서 투옥되어 순교하다.

들인 디모데와 디도를 격려한다는 두 가지 주요 목표를 갖고 있었다. 디모데는 에베소에서 새신자들을 양육하고 있었고 디도는 그레데 섬에서 일했다.

C와 E, 이 두 글자는 그레데(Crete)와 에베소(Ephesus)라는 바울의 오차 여행 중의 두 기착지를 기억하게 한다. 뿐만 아니라 그것들은 동방에서 바울이 행한 기독교 교육(Christian Education)을 나타낼 수도 있다.

바울은 제자 훈련이라는 그리스도의 지상 명령 완수에 기본적으로 주력하고 있었다. 우리는 어떻게 제자를 삼는가? "세례(침례)"와 "교육"을 통해서이다. 세례(침례)는 다른 사람들이 예수 그리스도를 주와 구주로서 헌신하게 함으로써 전도 과정의 일부가 된다. 교육은 신자들을 영적으로 그리스도의 몸 안에 세우며, 그 신자들이 다시 다른 사람들을 제자로 양육할 수 있게 한다.

우리는 그 일을 전문가들에게만 맡길 수 없다! 디모데는 다른 사람들을 가르치게 될 신실한 사람들을 훈련시키라는 명령을 받았다(딤후 2:2). 오늘부터 삼 년간 우리 교회에 현재의 목회자들과 교사들이 아무도 남아 있지 않게 되어 우리가 직접 일을 해야 하게 된다면 어떠할까? 우리의 교회가 계속 더욱더 성장할 수 있게 보장해 주는 방법은 무엇인가? 목회 사역을 배가시키기 위해 제자를 양육하는 일, 곧 예수님과 바울이 했던 일을 지상 명령으로 행하는 것보다 더 나은 방법이 있을 수 있는가?

디모데와 디도에게 바울이 보낸 세 편지는 아마 다음과 같은 순서로 기록되었을 것이다.

디모데전서 – 디모데에 대한 신뢰

바울은 에베소 교회를 성장시키는 일에 거의 삼 년을 투자했다. 또한 바울은 이차 및 삼차 전도 여행 때 자신을 수행한 디모데에게도 시간을 투자했다. 이제 바울은 에베소 교회를 젊은 제자의 돌봄 하에 맡기고 있다.

　젊은 목회자는 어떻게 처신해야 하는가? 각양의 연령과 배경을 가진 사람들의 필요를 충족시킬 방법은 무엇인가? 목회를 위한 도움은 어디서 얻을 수 있는가? 이러한 것이 디모데전후서의 주제들이다.

목회자는 기도하고 말씀을 전하는 데에 시간을 보내야 한다. 그는 하나님의 백성을 충실히 지도할 수 있는 지도자들과 집사들을 임명해야 한다. 그는 거짓 교훈을 항상 경계해야 한다.

무엇보다도 목회자는 자신이 가르치는 바를 몸소 실천해야 한다. "누구든지 네 연소함을 업신여기지 못하게 하고 오직 말과 행실과 사랑과 믿음과 정절에 대하여 믿는 자에게 본이 되어"(딤전 4 : 12).

이런 일들을 신실히 하는 젊은 일꾼은 아무도 업신여기지 못한다.

디모데후서 – 교회를 가르치다

바울은 바울과 그리스도의 대표가 되는 것이 디모데의 가장 중요한 업무임을 디모데에게 상기시켰다. 목회자는 다른 많은 일들에 의해 곁길로 빠지기가 쉽다. 그러나 교회가 가장 필요로 하는 것은 하나님의 말씀의 진리가 명확하고 실제적으로 가르쳐지는 것이다.

　진리는 배도(背道 : 하나님으로부터 떨어져 나가는 것)에 대한 최선의 치료 방법이다. 목회자는 몰래 스며들어오는 거짓 교훈을 경계해야 할 뿐만 아니라 하나님의 말씀에 계시된 대로, 사람들을 그 뜻에로 안내해야 한다.

　바울은 비록 연소할지라도 진리로 말미암아 담대할 것을 디모데에게 촉구했다. 바울은 교육 목회에 있어 신실하다는 것이 무엇인가를 여덟가지 본으로 제시했다. 진리를 바라지 않는 자들은 디모데와 싸우려고 했다. 그러나 디모데의 계속적인 설교는 때가 되어 마침내 결실을 맺게 되었을 것이다.

디도서 – 건전한 교리를 가르치다

거짓 교사들이 초대 교회에 침입하고 있었고, 바울은 그들에게 강력히 대항했다. 교회 지도자들은 거짓 교사들의 진상을 폭로하여 하나님의 자녀들이 그것에 미혹되지 않게 해야 했다. 오늘날까지도 거짓 교사들은 궁극적으로 잘못된 도덕에로 이끄는 잘못된 동기와 잘못된 멧세지를 전하고 있다.

거짓 교훈과의 싸움에서는 좋은 공격이 최선의 방어이다. 따라서 목회자의 가장 중요한 과업 중의 하나는 양떼를 감독하는 일을 도울 수 있는 장로들로서 신실한 사람들을 선발하고 훈련시키는 것이다. 그들은 목회자가 바른 교리를 가르치고 그것이 지역 교회의 교인들이 갖고 있는 다양한 필요를 충족시키도록 도울 수 있다.

거짓 교사들은 인간의 공로를 구원의 산물로서가 아니라 구원의 한 부분으로 혼합시킨다. 그러나 하나님의 은혜의 복음은 우리에게 값없이 구원을 가져다 주며 우리를 선행에로 인도한다.
죄사함이라는 하나님의 은사를 받는 것은 우리가 감사로써 선행을 할 수 있는 계기와 능력을 제공해 준다.
"우리 구주 하나님의 자비와 사람 사랑하심을 나타내실 때에 우리를 구원하시되 우리의 행한 바 의로운 행위로 말미암지 아니하고 오직 그의 긍휼하심을 좇아…이 말이 미쁘도다 원컨대 네가 이 여러 것에 대하여 굳세게 말하라 이는 하나님을 믿는 자들로 하여금 조심하여 선한 일을 힘쓰게 하려 함이라 이것은 아름다우며 사람들에게 유익하니라"(딛 3 : 4~8).

12
일반 기자

일반 기자 시대 (히브리서 / 베드로전서 - 유다서)

신약성경의 기자들에 대해 당신은 얼마나 알고 있는가? 아홉 중에서 몇 명의 이름을 댈 수 있는가? (그들은 마태, 마가, 누가, 요한, 바울, 야고보, 베드로, 유다 및 히브리서를 기록한 익명의 히브리인이다).

몇 가지 사소한 문제들을 살펴보자.
☐ 자기의 이름을 자기의 책에 붙이지 않은 유일한 신약성경 기자는 누구인가? (바울)
☐ 가장 적은 분량을 기록한 기자는 누구인가? (유다)
☐ 가장 많은 분량을 기록한 기자는 누구인가? (바울과 누가 : 바울은 가장 많은 책과 장을 기록했고, 누가는 가장 많은 절과 단어를 기록했다)
☐ 한 권씩 기록한 네 사람은 누구인가? (마태, 마가, 야고보, 유다)
☐ 두 권씩 기록한 사람들은 누구인가? (누가, 베드로)

□ 요한은 몇 권을 기록했는가?(5) 바울은 몇 권을 기록했는가?(13 또
는 14)

신약성경의 나머지 편지들은 베드로, 요한, 유다, 히브리서를 기록한
익명의 기자에 의해 다 기록되었다. 모두가 바울의 죽음(주후 68년)과
일세기 말 사이에 기록됐다. 원래의 기록 연대들이 알려져 있지 않기 때
문에 이 책들은 성경 배열 순서대로 다음과 같이 요약된다.

히브리서 — 성숙에로의 촉구

그리스도를 믿음으로써 거듭날 때 사람들은 갓 태어난 영적 아기로서 하
나님의 권속이 된다. 그들은 성장할 필요가 있고 또 성장할 것이 기대된
다. 그런데도 모든 신자들이 다 기대 수준만큼 성장하지는 못하고 있다.
어떤 신자들은 영적 생활에 있어 초기 단계로 돌아가기조차 한다. 히브
리서의 수신인들이 바로 그러했다. 그 기자는 성장에의 길로 돌아올 것
을 히브리인들에게 강력히 촉구했다.

히브리서는 예수 그리스도를 과거 유대의 "위인들"과 대조시킨다. 그
리스도는 천사들, 선지자들, 모세, 여호수아, 아론 및 모든 제사장들보
다 뛰어나시다. 그분은 구약 시대의 율법과 제물들보다 뚜렷이 월등하시
다. 하나님의 계획은 완전히 성취되었는데 왜 그 계획의 미성숙한 단편
들로 되돌아가야 한단 말인가?
이제 믿음의 원리는 새롭다. 구원과 하나님을 섬기는 것은 항상 믿음
에 그 기초를 두어 왔다. 믿음 장(11장)은 모든 시대에 있어서의 믿음의
능력을 잘 증거해 준다.

베드로전서 — 시련 중의 인내

사복음서에서는 베드로가 위대한 인내의 사람으로 등장하지 않는다. 그
러나 오순절날 베드로에게 임하신 성령은 그를 변화시켰다. 베드로에게

나 혹은 어느 신자에게 "오직 성령의 열매는 사랑과 희락과 화평과 오래
참음과 자비와 양선과 충성과 온유와 절제"(갈 5 : 22~23)이다.

그리스도가 승천하신 지 몇년 후, 베드로는 복음으로 인해 고난받고
있는 성도들에게 인내에 관한 편지를 썼다. 베드로는 그들(그리고 우리)
로 하여금 구원의 확신을 가지라는 것, 그리고 우리가 받고 있는 그것을
허락하시는 전능하신 사랑의 아버지께서 우리를 돌보고 계신다는 것을
상기시킨다.

고난이 주는 유익은 무엇인가? 우리는 고난을 통해 하나님의 사랑과
말씀에 대한 새로운 통찰력, 영적 성장에 대한 갱신된 통찰력을 얻을 수
있고 핍박자들의 손에 고난을 받으시고 죽으셨던 그리스도와의 일치감을
체험할 수 있다.

베드로는 시민, 종, 아내, 남편을 위한 특별한 지침을 주었다. 그런데
모든 신자는 교회의 머리 되시는 분에 의해 산 돌로 빚어져야 한다. 선행
을 인해 고난을 받으면서 참을 때, 우리는 구주의 본을 따라 하나님을 영
화롭게 하는 것이다. 우리는 사단을 이기시는 목자의 위대한 능력과 자
기 백성을 위한 재림의 약속을 신뢰하는 신실한 양이 되어야 한다.

베드로후서 – 거짓 교사의 추방

거짓 교사들은 베드로 당시와 마찬가지로 오늘날에도 존재한다.
그들의 교훈은 법 없는 삶을 고무시켰고 하나님의 인도를 무시했다. 그
들은 하나님이 약속을 지키는 데 더디시다고 비웃었다. 그들은 쾌락을
추구하라고 선동했다.
"먹고 마시고 혼인하라. 내일이면 너희는 죽고 만다. 이 생애를 즐기고
눈에 좋은대로 행하라. 이 세상이 끝이다. 지금이나 이후로도 아무도 너
희를 심판하지 않으리라."
그래서 그들은 탈선했다.
교회 지도자들은 그러한 감언이설을 어떻게 물리쳐야 하는가? 개인의
삶이나 지역 교회에 파고드는 거짓을 막는 가장 좋은 방법은 하나님의

말씀 가운데 능동적으로 성장하는 것이다. 그리고 거짓 교사들은 그리스도의 몸에 생기는 암 같은 존재이므로 마땅히 그 정체가 밝혀지고 쫓겨나야 한다. 참 성도는 약속된 그리스도의 재림을 기다리는 인내와 개인적인 정결함에 의해 식별될 수 있다.

하나님은 자기 아들이 다시 오시기 전에 사람들이 그분을 구주로 받아들이기를 인내하면서 기다리고 계신다. 나는 그분을 나의 구주로서 만날 기회가 있기까지 재림하지 아니하신 예수님께 개인적으로 감사를 드린다. 당신은 어떤가? 예수께서 돌아오시기를 당신은 기다리는가, 아니면 그분이 당신을 기다리시는가?

요한일서—사귐 가운데서의 기쁨

요한의 세 편지는 사귐에 관한 씨리즈 편지이다.
요한일서에서 우리는 하나님과 사귐을 가져야 한다는 사실을 배우고, 요한이서에서는 거짓 교사들과는 사귐을 가지지 말아야 함을 배운다. 그리고 요한삼서에서 우리는 참 교사들과 사귐을 가지라는 방향 지도를 받는다.
요한은 하나님과 사귐을 갖는 자들에게 그분께서 주시는 기쁨에 감격하면서 이렇게 기록했다.
"우리가 보고 들은 바를 너희에게도 전함은 너희로 우리와 사귐이 있게 하려 함이니 우리의 사귐은 아버지와 그 아들 예수 그리스도와 함께 함이라 우리가 이것을 씀은 우리의 기쁨이 충만케 하려 함이로라"(요일 1 : 3~4).

신자들은 사귐 가운데서 하나님의 빛, 하나님의 사랑, 하나님의 바로 그 생명을 함께 나눈다. 빛 가운데 행한다는 것은 세상을 사랑하거나 거짓 교사들의 말을 듣지 않는 것을 뜻한다. 그것은 하나님의 말씀에 순종한다는 것을 뜻한다.
하나님을 위한 사랑 가운데 행하는 사람은 하나님의 사람을 위해 사랑을 보일 것이다. 이로 인해 참 신자들은 바로 그 하나님의 생명 가운데 사귐을 갖는다.

"또 증거는 이것이니 하나님이 우리에게 영생을 주신 것과 이 생명이 그의 아들 안에 있는 그것이니라 아들이 있는 자에게는 생명이 있고 하나님의 아들이 없는 자에게는 생명이 없느니라 내가 하나님의 아들의 이름을 믿는 너희에게 이것을 쓴 것은 너희로 하여금 너희에게 영생이 있음을 알게 하려 함이라"(요일 5 : 11~13).

요한이서 – 거짓 교사들을 심판하라

두번째 편지에서 요한은 한 부녀를 칭찬하는데, 이는 그 부녀의 자녀가 진리 가운데 행했기 때문이다. 그는 또한 모든 순회 교사들이 다 복음을 가르치는 것이 아님을 그녀에게 알렸다. 그 부녀는 한 기준에 의해 교사들을 판단해야 했는데, 그 기준이란 그들이 예수 그리스도를 사람으로 오신 하나님이시라 말하는가의 여부이다. 만일 이 기본적인 시험을 통과하지 못한다면, 그들을 집에 들이거나 도와주어서는 안 되었다. 그들에게 인사를 하는 것조차도 그들의 악한 일을 격려하는 행동이 될지 몰랐다.

서로 사랑하라는 예수님의 명령은 지나치게 확대되기가 쉽다. 주님의 사랑의 법에는 한계가 있다. 그것은 다른 사람들을 하나님으로부터 멀어지게 하는 자들을 돕는 것까지는 포함하지 않는다.

요한삼서 – 접대의 기쁨

요한은 세번째 편지에서, 거짓 교사들에게는 부인되야 하지만 참 교사들에게는 반드시 주어져야 하는 것에 대해 설명한다. 신자들은 예수 그리스도에 대해 올바른 견해를 지닌 교역자들과 선교사들을 잘 접대해야 한다. 요한은 잘 대접하는 사람의 본으로서 가이오를 칭찬한다. 자만심이 강한 디오드레베는 그 반대였다. 그는 신자들을 배척했고, 그들을 접대하는 것도 금했다.

우리는 하나님을 위해 자기 마음으로부터 다른 사람들에게 선을 행했던 데메드리오 같은 사람이어야 한다. 다른 사람들이 보기에 우리는 경건해야 한다.

유다서 - 베도에 대한 심판

유다서의 주제는 베드로후서와 요한이서의 그것과 유사하게 보일지 모르지만, 유다서는 거짓 교사들에 대해 훨씬 더 강한 멧세지를 전하고 있다. 그는 본래 쓰기로 계획했던 것도 제쳐두고, 교회들에 들어와서 예수 그리스도를 부인하는 불경건한 사람들에 대해 경고하지 않으면 안 될 필요를 느꼈다.

이스라엘 사람들 중의 일부, 타락한 천사들, 소돔과 고모라의 죄인들과 같이 과거에 하나님을 떠났던 자들은 하나님의 형벌을 피하지 못했다. 오늘날에도 진리를 떠나가는 사람들은 하나님의 진노에 직면하게 될 것이다.

하나님의 진리들을 부패시키는 지도자들은 그럴 듯하게 들리는 그들의 말로 인해 잠시 동안은 교회에 용납될지 모른다. 그러나 그들의 부드러운 겉모습 뒤에는 불경건한 본성이 숨겨져 있다. 그들의 삶에는 성령이 계시지 않다. 참 신자들은 자연적으로 오는 바를 행하는 것이 아니라 그들 속에 거하시는 하나님의 성령의 능력을 인해 초자연적으로 오는 바를 행한다.

열 두 제자에게 무슨 일이 일어났는가?

주를 위해 유배되는 고난을 겪긴 했지만, 요한은 열 두 사도들 가운데 "자연사"한 유일한 사도이다. 사도행전 1장과 12장은 유다와 야고보의 죽음에 대해 말씀하며, 교회사는 다른 10명에 대해 우리에게 알려 준다.

□ 안드레 : 헬라에서 X 자형의 십자가에 못박혔다.
□ 요한의 형제 야고보 : 헤롯왕에 의해 목베임을 당했다.

□알패오의 아들 야고보 : 애굽에서 십자가에 못박혔다.
□요한 : 한 잔의 독을 마시고도 살아나 밧모에 유배되었다.
□유다 : 아라랏에서 화살에 맞았다.
□가룟 유다 : 목을 매달아 자살했다.
□마태 : 에디오피아에서 죽었다.
□나다나엘 또는 바돌로매 : 인도에서 살다 죽었다.
□베드로 : 십자가에 거꾸로 매달려 죽었다.
□빌립 : 목 매달려 파피루스에 싸여졌다.
□열심당 시몬 : 십자가에 못박혔다.
□도마 : 인도에서 창에 찔려 죽었다.

　각 순교자들은 예수 그리스도의 신성에 대한 개인적인 믿음 때문에 죽었다. 만일 누구든지 예수님의 인성만을 시인했거나 죽은 자 가운데서의 그분의 부활을 부인했거나 그분의 이름을 저주했다면, 죽임을 당하지 않았을 것이다.
　어떻게 사도들이 예수님이 하나님이심을 확신했는가에 대해 어떤 의문이 있는가? 당신은 어떻게 확신했는가?

13
종말은 언제?

완성 시대 (요한계시록 1-22장)

요한계시록을 읽으면 당신은 첫째, 세상에서의 최악의 날이 장차 올 것이고 둘째, 세상에서의 최선의 날 또한 장차 올 것이라는 두 가지 멧세지를 발견할 것이다. 그것은 "나는 좋은 소식을 들었을 뿐만 아니라 나쁜 소식도 들었다"는 이야기같이 들린다. 바로 그렇다!

요한계시록은 **완성** 시대를 다룬다. 다시 말해 교회를 위한 하나님의 모든 계획이 땅에서 완성된 후에 일어날 일들을 다룬다. 그 때에는 선과 악의 세력 간의 공공연한 갈등이 온 땅을 뒤덮을 것이다.
무서운 전쟁과 재난이 닥칠 것이며, 인류 대부분이 멸망할 것이다. 그런데도 대부분의 사람들은 전능하신 하나님 앞에 절하고 그분의 용서를 구하기를 거부할 것이다.

온 세상에 임하는 최대의 전투 중에 예수 그리스도께서 정복자로서 임하셔서 하나님과 그 백성에 대항하는 모든 세력을 굴복시키실 것이다.
그리스도는 창조 시에 하나님이 의도하신 목적에로 세상을 회복시키시면
서 자신의 완전한 나라를 세우실 것이다.

요한계시록 – 미래에 대한 계시

연로한 사도 요한이 유배지인 밧모 섬에서 자신이 받은 계시를 기록하려
고 펜을 들었을 때, 그는 신약성경을 마감하고 있었을 뿐만 아니라 세상
을 마감하시기 위한 하나님의 계획을 기술하고 있는 것이기도 했다.
　요한은 예수께서 자신에게 명령하신 바대로 기록했다.
"그러므로 네 본 것과 이제 있는 일과 장차 될 일을 기록하라"(1 : 19).
그래서 요한은 과거(1장), 현재(2~3장), 미래(4~22장)에 대해 기록했
다.

미래에 대한 계시

1 – 3장	4 – 19장	20 – 22장
하늘에 계신 구주	주권적 심판자	성도들이 왕국을
아시아의 일곱 교회	칠년 대환란	통치하다
	그리스도의 재림	영원 상태

　　요한계시록은 일곱이라는 수에 대해 여러 차례 언급하므로, 이제 일곱 부분으로 그것을 연구하기로 한다.

□ 하늘에 계신 구주(1장)

"예수의 증거는 대언의 영이라"(계 19 : 10).

따라서 요한계시록이 승천하신 그리스도에 대한 환상으로 시작하고(1장), 영광 중의 재림 및 영원한 의의 통치로 끝나는 것은 놀라운 일이 아니다(19~22장). 한편 그리스도는 세상에 있는 그분의 몸된 교회의 머리이시다. 1장에서 요한은 불꽃 같은 눈과 일곱 별을 가진 손과 많은 물 소리와 같은 음성을 지니신, 하늘에 계신 그리스도의 무시무시한 환상을 기술한다. 예수님의 모습을 보고, 요한은 마치 죽은 자같이 그분의 발 앞에 엎드러졌다. 그러나 그리스도는 "두려워 말라 나는 처음이요 나중이니 곧 산 자라 내가 전에 죽었었노라 볼지어다 이제 세세토록 살아있어 …"(계 1 : 17~18)라고 요한을 안심시키셨다.

□ 아시아의 일곱 교회(2~3장)

요한을 통해 예수께서는 제1세기 아시아의 일곱 교회에 편지를 보냈다
(앞 페이지의 지도를 보라). 이 교회들은 세상 끝날까지 이 땅에 있게 될
일곱 가지 형태의 교회들(그리고 그리스도인들!)을 예시한다. 그리고
각 교회의 상태에 따라 명령이 주어진다.

에베소 교회(계 2 : 1~7)는 영적 활력이 쇠퇴해 갔던 제2세대 교회였다.
"어디서 떨어진 것을 생각하고 회개하여 처음 행위를 가지라"(2 : 5).
서머나 교회(2 : 8~11)는 핍박 받는 교회였다.
"네가 장차 받을 고난을 두려워 말라…네가 죽도록 충성하라 그리하면
내가 생명의 면류관을 네게 주리라"(2 : 10).
버가모 교회(2 : 12~17)는 지나치게 관용적이고, 게으르고, 세상적인
교회였다.
"회개하라"(2 : 16).
죄와 거짓 교훈을 용납하지 말라.
두아디라 교회(2 : 18~29)는 이교적이고, 타협적인 교회였다. 그러한
교회의 신실한 소수에 대해 다음과 같은 명령이 내려졌다.
"다만 너희에게 있는 것을 내가 올 때까지 굳게 잡으라"(2 : 25).
사데 교회(3 : 16)는 죽었거나 잠자는 교회였다.
"너는 일깨워 그 남은 바 죽게 된 것을 굳게 하라…그러므로 네가 어떻게
받았으며 어떻게 들었는지 생각하고 지키어 회개하라"(3 : 2~3).
빌라델비아 교회(3 : 7~13)는 부르심에 답하여 부흥된 교회였다.
"네가 가진 것을 굳게 잡아 아무나 네 면류관을 빼앗지 못하게 하라"(3
 : 11).
라오디게아 교회(3 : 14~22)는 아무 부족함도 느끼지 못하는 배부르
고, 부유한 교회였다.
"네가 열심을 내라 회개하라"(3 : 19).

　당신은 찬 것과 더운 것 사이의 어디에 위치하고 있는가? 만약 중간
지점에 있다면, 요한계시록 3장 15~22절을 읽으라!

□ 하늘에 계신 주권적 심판자(4~5장)

이 두 장은 자기의 보좌에 앉아계시는 주님의 위엄과 영광을 조금이나마 엿볼 수 있게 한다. 환상적인 생물들이 보좌를 둘러싸고 있고, 번개와 뇌성이 나는 중에 하나님의 어린 양은 수많은 천사들에게 경배를 받으신다. 생물들과 천사들은 노래한다.

"죽임을 당하신 어린 양이 능력과 부와 지혜와 힘과 존귀와 영광과 찬송을 받으시기에 합당하도다."

세상에 심판이 퍼부어지도록 일곱 인봉을 가진 책을 열기에 합당하신 분은 오직 그리스도뿐이시다. 하늘의 생물들은 "책을 가지시고 그 인봉을 떼기에 합당하시도다 일찍 죽임을 당하사…사람들을 피로 사서 하나님께 드리시고…"(5 : 9)라고 노래한다.

□ 칠년 대환난(6~18장)

이 고통의 때에 세상에서는 악이 득세하게 될 것이다. 성경은 온 세계에 걸친 파멸과 고난의 칠 년 시대를 예언한다. 요한계시록은 일곱 인, 일곱 나팔, 일곱 대접으로 임하는 21가지의 무시무시한 심판을 묘사한다.

처음의 일곱 심판 가운데에는 범세계적 전쟁(6 : 3~4), 자연 재해(6 : 12~17)가 있다.

중간의 일곱 심판은 각기 하늘에서 나팔이 불린 후에 임한다. 그것들은 강물의 삼분의 일이 쑥이 되고(8 : 10~11), 삼분의 일이나 빛이 감소되고(8 : 12), 전갈이 쏘듯 악령들이 공격하는 것을 포함하는데, 이로써 사람들은 죽기를 바라며(9 : 1~12), 인류의 삼분의 일이 죽임을 당한다(9 : 13~21).

그래도 사람들이 회개하기를 거부하면(9 : 20~21), 재앙이 가득한 일곱 대접이 엎어지게 된다. 그것들은 질병, 남아 있는 모든 바다 생물의 죽음, 더위, 암흑, 전쟁, 기타 재앙들을 포함한다.

남아 있는 불신자들에게 미치는 최종적인 영향이란 무엇인가? 그들은 자기들의 죄를 회개하고 하나님께 돌아올 수 있음에도 불구하고, 도리어 주를 저주하기를 택한다(16 : 21). 은혜의 시대인 지금 그리스도를 거절하는 자들은 심판의 시대에 그분을 더욱 강력히 거절할 것이다.

□ 그리스도의 재림(19장)

최후 전쟁을 위해 지상군이 집결할 때, 그리스도는 모든 반역을 척결하시고 천년 왕국을 시작하시기 위해 영광 중에 돌아오실 것이다. 그것은 요한이 묘사한 대로 큰 기쁨의 때가 될 것이다.

"할렐루야 주 우리 하나님 곧 전능하신 이가 통치하시도다"(19 : 6)

모든 고통, 죽음, 재난 이후 천년 간의 평화가 시작된다.

□ 메시야 왕국에서의 성도들의 통치(20장)

메시야의 천년 왕국에서 예루살렘은 더 이상 전쟁이 없는 세계의 수도가 될 것이다. 구약성경에 예언된 대로, 온 세상이 일심으로 하나님을 섬기고(습 3 : 9), 모든 사람이 주를 알 것이다(사 2 : 2~4). 맹수들이 길들여져 어린이들의 애완 동물같이 순해질 것이며 또 초식을 할 것이다(사 11 : 6~8).

히브리 성도들이 주요 직책을 맡고(슥 13장), 다윗 왕은 총리로서 봉사할 것이다(겔 34 : 23~24).

사막이 장미 동산같이 되어 거기에 꽃이 필 것인데(사 35 : 1), 이는 아담의 타락으로 인해 땅에 임한 저주가 옮겨지기 때문이다(사 65 : 21~23). 질병은 정복되고(렘 30 : 17), 백 살의 사람이 어린 아이같이 여겨질 만큼 수명이 길어질 것이다(사 65 : 20).

□ 영원 상태(21~22장)

영원에 대한 약속은 소망으로 충만하다.

"하나님의 장막이 사람들과 함께 있으매 하나님이 저희와 함께 거하시리니…모든 눈물을 그 눈에서 씻기시매 다시 사망이 없고 애통하는 것이나 곡하는 것이나 아픈 것이 다시 있지 아니하리니 처음 것들이 다 지나갔음이러라"(계 21 : 3~4).

무서운 전투에도 불구하고, 악의 세력은 승리하지 못할 것이다. 예수 그리스도는 여전히 역사의 주님이시다. 그리고 그분은 세상의 역사를 직접적으로 마감하기 위해 돌아오리라고 약속하셨다. 성경은 "내가 진실로 속히 오리라"라는 그분의 약속과 "주 예수여 오시옵소서"라는 사도의 기도로 끝난다(22 : 20).

요한계시록은 역사의 완성(History's Completion)을 말씀한다. H와 C라는 글자들은 '그분이 오신다'(He's Coming)는 것을 우리로 하여금 생각하게 만든다!

왜 기다리는가?

주께는 천 년이 하루 같기 때문에(벧후 3 : 8), 예수님이 지상에 계시던 때 이후 지금까지는 겨우 이틀이 된 셈이다. 한편 언뜻 보기에 늦는 것 같은 주님의 재림은 사람들이 자기에게로 돌아오기를 기다리시는 하나님의 인내를 보여준다(벧후 3 : 9). 예수께서 기다리시는 모든 날은 사람들이 하나님의 구원이라는 은혜의 선물을 받아들일 수 있는 하나의 기회이다. 초청을 위한 문이 항상 열려 있지는 않을 것이다.

때가 되면, 산 자든지 죽은 자든지 모든 불신자들은 크고 무서운 흰 보좌앞에 나아가 최고 재판관 앞에 서게 될 것이다(계 20 : 11∼15). 모든 무릎이 꿇리고 모든 입은 예수 그리스도를 주라 시인하고 하나님 아버지께 영광을 돌릴 것이다(빌 2 : 9∼11).
그러나 그때는 구원 받기에는 이미 늦은 때이다. 이생이 끝나면 두번째 기회가 없다(히 9 : 27). 어린 양의 생명책에 이름이 기록되지 않은 자들은 영원히 불못에서 살아야 한다(계 20 : 11∼15).
뜨거운 불로 현재의 천지가 녹아질 때(벧후 3 : 10), 새 하늘과 새 땅에 메시야 왕국은 이루어지며 거기에는 오직 의인만이 영원히 거하게 된다(계 20∼22장).

시작과 끝

창세기에서 시작된 일들은 요한계시록에서 마쳐진다. 성경전서는 전체가 하나의 이야기이다. 마지막 책의 마지막 부분은 성경전서의 첫 책의 첫 부분에서 시작된 이야기의 마지막같이 보인다. 따라서 성경전서는 주권자이신 하나님의 직접 통제 하에서 아무런 악의 반대가 없는 완전한 창조로 시작된 것과 마찬가지로 끝난다.
창세기는 하나님 이외의 만물의 시작을 묘사한다. 요한계시록은 땅에 있는 만물의 끝을 예언한다. 창세기에서 사단과 죄에 의해 파괴된 완전한 환경이 요한계시록에서 회복된다.

성경전서는 그것이 시작된 바와 거의 똑같이 끝나지만, 더 높고 더 장엄한 색조를 띠고 있다. 자신들을 지으신 분과 사귐을 가졌던 두 사람(아담과 하와) 대신에, 무명의 수많은 사람들이 있게 되리라! 주님께 대한, 순전하고 시험받지 않은 사랑이 있던 자리에는 자기 만족과 죄에서 돌이켜 그들을 위해 기꺼이 죽으신 주님의 사랑을 의지하기로 한 자들이 있게 될 것이다.

이제 어떻게?

구약성경의 목적은 예수께서 오실 때 그분을 영접할 수 있도록 사람들을 준비시키는 것이었다. 이제 그분은 오셨다 가셨는데 당신은 자신의 삶에서 그분과 어떤 관계를 맺고 있는가? 그분을 무시하는 것은 그분을 거절하는 것이다. 그분을 영접하는 것은 그분에 의해 영접되는 것이다.
신약성경에는 그분이 돌아오시기 전에 예수님을 위해 우리가 할 수 있는 일들이 가득차 있다. 그분의 세상에서 이루어질 것들이 있고, 그것들은 주로 당신과 나 같은 사람들을 통해 이루어질 것이다. 그분이 주신 시간, 재능, 재물로 당신은 무엇을 하고 있는가? 오늘 주님을 가장 기쁘시게 할 일을 한 가지 할 수 있다면, 그것은 어떤 일인가?
지금부터 백 년 이후 당신과 나 사이에는 어떤 차이가 있겠는가?

신약성경 주제들에 대한 다음의 목록을 살펴보고, 특히 두드러지는 한 가지 원리를 지적해 보라. 하나님의 도움을 구해 그 원리를 실천한 두세 가지 행동 단계를 적어 보라.

신약성경 시대   적용 원리

1. **목수 시대**······신자들은 육체적, 영적, 정신적, 사회적으로 성장해야 한다.
2. **주장 시대**······사람은 언행이 일치해야 한다.
3. **선택 시대**······모든 사람은 그리스도를 영접하거나 거절하거나 둘 중의 한 가지를 선택해야 한다.
4. **학습 시대**······예수님의 제자들은 항상 그들의 선생께 배우고 있다.
5. **십자가 시대**······사람들이 스스로는 결코 갚을 수 없는 빚을 졌기 때문에 예수님은 자신이 지지 않은 그 빚을 갚으러 오셨다.
6. **교회 시대**······하나님의 능력은 성령에 의해 그리스도인들을 통해 역사한다.
7. **일차 순회 시대**······그리스도인에게 있어 성장은 회심만큼이나 중요하다.
8. **이차 순회 시대**······신자들은 항상 그리스도의 재림에 대비하고 있어야 한다.
9. **삼차 순회 시대**······복음 전도는 영적인 덧셈일 뿐만 아니라 곱셈이기도 해야 한다.
10. **감금 시대**······신자들은 그들이 할 수 없는 모든 것을 하나님께서 지배하시기 때문에 기뻐할 수 있다.
11. **일반 기자 시대**······진리를 가르치는 것은 거짓에 대한 경고를 포함한다.
12. **완성 시대**······장차 세상의 최악, 최선의 날이 올 것이며 그때 그리스도 안에 있는 신자들은 승리한다.

테리홀 성경 안내서들

성경의 거대한 맥을 잡게 해 주는 책!

▨ 성경 종합 개관

성경의 전체적 조망을 말씀들의 긴밀한 연관관계, 조화를 통해 보여 줍니다. 많은 그림을 사용하여 성경 진리의 유기적 연관성과 그에 따른 하나님과 사람과의 교제에 대한 한 폭의 벽화를 보여 줍니다.

크라운판 / 182면

성경의 중심 내용을 관통해 주는 책!

▨ 특급 구약 관통

구약의 각 사건들과 인물들과 시가서의 내용의 일관된 흐름을 잡아 줍니다(중고등부, 대학부 성경공부 교재로 최적).

신국판 / 168면

▨ 특급 신약 관통

복음서와 서신서들의 상관관계, 중심 메시지를 특이한 기억법으로 소개해 줍니다(중고등부, 대학부 성경공부 교재로 최적).

신국판 / 180면

개인 성경공부의 지름길을 제시해 주는 책!

▨ 성경을 읽고 공부하는 7가지 방법

개인이 스스로 성경을 읽고 그 중심 개념을 파악할 수 있는 7가지 방법을 제시해 줍니다.

신국판 / 80면

재치와 실력을 갖춘 성경교사로 만들어 주는 책!

▨ 일류교사가 되는 방법

주일학교와 성경공부반에서 창의적이고 재치있게 가르치기를 원하는 교사들을 위한 탁월한 지침서입니다.

신국판 / 160면

성경을 재미있게 공부하는 방법을 제시해 주는 책!

▨ 성경을 좀더 재미있게 공부하는 방법

거대한 자원의 책인 성경에서 더 많은 보화를 얻는 성경공부 방법을 제시해 줍니다. 테리홀의 탁월한 성경공부 방법을 총집대성한 책!

신국판 / 232면

테리홀 (Terry Hall: 미국 노쓰쎈트럴 대학에서 문학사/달라스 신학교에서 신학석사)은 성경 교육에 창조적인 시청각 자료 사용을 장려하는 단체인 미국 「메디아 선교회」의 부회장이다. 그는 무디 성경 학교에서 10년간 가르친 바 있다.

특급 신약 관통

지 은 이 | 테리 홀
발 행 인 | 한상식
발 행 처 | 나침반출판사

제31판발행 | 2007년 12월 25일

등   록 | 1980년 3월 18일 / 제 2-32호
주   소 | 110-616 서울 광화문 사서함 1641호
전   화 | 본   사 (02)2279-6321~3
              영업부 (031)932-3205
팩   스 | 본   사 (02)2275-6003
              영업부 (031)932-3207

홈 페 이 지 | **www.nabook.net**
이 메 일 | navan@chol.com
          nabook@nabook.net

ISBN 89-318-1086-5
책번호   다-1105

값은 뒷표지에 있습니다.